Paul Dautrans

Manuel de l'Hérétique

Paul Dautrans

Manuel de l'Hérétique

Première publication : Le retour aux sources, 2010

Publié par Le Retour aux Sources

www.leretourauxsources.com

© Omnia Veritas Limited – Paul Dautrans – 2020

Remerciements :

Merci aux premiers lecteurs du site www.scriptoblog.com

Préface à la deuxième édition

P ublié une première fois en 2010, *Le manuel de l'Hérétique*, c'est rigolo, c'est léger, et surtout c'est confirmé par les faits.

Je n'ai pas grand-chose à ajouter à ce que je déblatérais, il y a dix ans. Le politiquement correct contemporain s'est juste hystéricisé au-delà de ce que j'imaginais possible en 2010. Avec l'irruption d'une nouvelle génération d'écho-boomers encore plus cons que leurs parents, on a franchi un cap. Voilà à peu près le seul truc que je vois à ajouter : en fait, c'est encore pire que ce que je croyais.

Et ça ne risque pas de s'arranger...

Comme le lecteur pourra le constater au chapitre sobrement intitulé « Où l'auteur constate qu'on peut dire autant de niaiseries en Français qu'en Anglais », l'auteur faisait remarquer en 2009 que les USA avaient un coup d'avance sur la France, dans le délire politiquement correct. Ce constat reste valable, et on relèvera simplement que l'Amérique de 2020 nous annonce donc ce à quoi pourrait ressembler la France de 2030 – du moins si, d'ici-là, toute la boutique ne se retrouve pas par terre.

Ce n'est pas joyeux. Depuis 2013, progressivement, de nouvelles attitudes « ultra-politiquement correctes » ont envahi la sphère publique dans le monde anglophone, et particulièrement sur les campus universitaires. Le lecteur du présent chef d'œuvre ne sera pas surpris d'apprendre qu'aux States, de jeunes gauchistes hystériques exigent la censure de tout intervenant ayant l'heur de leur déplaire. Mais il sera tout de même étonné de découvrir le motif invoqué. Pour ces gamins, l'existence d'une personne en désaccord avec eux constituerait, *en soi*, un traumatisme psychologique !

Simple astuce de rhéteur ? Pas sûr. Après l'élection de Donald Trump en 2016, sur des campus parfois prestigieux, de nombreux étudiants ont exigé la mise à disposition de « safe spaces ». C'est-à-dire d'espaces de sécurité, où ces pauvres petits pourraient se remettre de leur traumatisme, avec des nounours et des dessins animés. Et le plus étonnant, c'est qu'il s'est trouvé des administrateurs universitaires pour satisfaire cette requête !

Si une telle *préciosité*, prétexte à une telle *tartufferie puritaine*, étonne le lecteur, on ne peut que l'inciter à se plonger de toute urgence dans le présent manuel. Il y trouvera l'explication de l'inexplicable.

Le parti a toujours raison

Par un beau jour de 1949, un certain camarade Louis Fürnberg apprit avec douleur qu'il ne serait pas convié au congrès du Parti Communiste de son pays, la Tchécoslovaquie. Le gars en fut profondément mortifié, vu qu'il bossait depuis vingt ans pour le parti des travailleurs.

Que fit notre coco tombé en disgrâce ? S'est-il pointé bourré à la fiesta stalinoïde, histoire de mettre de l'ambiance à la Grand-Messe ? Que nenni. Il composa *un hymne au Parti*.

Le thème : « Le Parti a toujours raison ». Sous-entendu : merci au Grand Parti des Travailleurs de m'humilier publiquement, cela me donne l'occasion de prouver que je le place au-dessus de ma modeste personne.

Déjà, l'anecdote n'est pas triste. Mais attends, mon lecteur, attends. L'histoire ne s'arrête pas là.

Ce Fürnberg était germanophone. Or donc, constatant que l'überkamerad exilé chez les Tchèques s'était fait blackbouler, le Parti Communiste d'Allemagne de l'Est s'empara de son hymne coco-maso. L'idée générale, du moins on peut le supposer, était que, du point de vue des Teutons léninistes, on faisait d'une pierre deux coups : un, on fait un bras d'honneur aux Tchèques ; deux, on prouve qu'on est encore plus stals qu'eux !

Total, le poème d'un coco mal vu à Prague devint l'hymne officiel du parti coco-casque à pointe. Recyclage.

Faut dire que « *Das Lied der Partei* », c'est du lourd. Ouvrons les guillemets.

« Le Parti nous a tout donné, jamais avare en soleil ou en vent. Où il se trouve, se trouve la vie. Ce que nous sommes, nous le sommes à travers lui. Il ne nous a jamais abandonnés. Aussi froid que soit le monde, nous vivons dans la chaleur, car la Mère des Masses nous protège, son bras puissant nous soutient. »

Hilarant, non ?

Attends, bouge pas, il y a une suite.

« Le parti, le parti, il a toujours raison. Camarade, tiens-toi à lui ! Car qui se bat pour le droit a toujours raison contre le mensonge et l'extorsion. Qui porte atteinte à la vie est stupide ou mauvais, mais qui défend l'homme a toujours raison. Né de l'esprit de Lénine, soudé et puis grandi par Staline, le Parti, le Parti, le Parti ! »

Goebbels n'aurait pas osé.

Résumons. Si l'on analyse ce poème du style « dessin de Riton pour papa-maman en dernière année de maternelle », on arrive en gros aux thèses suivantes :

1. C'est le Parti qui fait se lever le soleil et souffler le vent. Ce qui va bien, c'est grâce à lui. Ce qui va mal, c'est parce qu'il y a des gens qui font rien qu'à l'embêter.
2. Et c'est normal, puisque le Parti c'est le Bien, et le Bien c'est le Parti, et d'abord le Parti, ben il est vachement fort.

Hilarant *et* affligeant, non ?

Cela dit, l'important n'est pas la niaiserie du texte. L'important, c'est que d'authentiques intellectuels, parfois d'un très bon niveau, firent chanter cette ânerie à 17 millions d'Allemands. Et ces millions d'Allemands n'étaient pas, de leur côté, un peuple d'imbéciles. C'étaient des gens *évolués*.

Alors là, on ne comprend plus. Qu'un dictateur noirpiot plus décoré qu'un maréchal soviétique arrive à faire gober des énormités à de braves Africains à peine sortis de la savane et de la préhistoire, passe encore. C'est sûr que des types habitués à courir derrière les gazelles et devant les lions, le jour où tu leur montres un phonographe, ils sont tellement épatés qu'ils ne font pas gaffe à la musique. Mais les Teutons des années 50, eux, n'étaient pas précisément des Africains tout juste entrés dans la modernité. Ils ne sortaient ni de la savane, ni de la préhistoire, ces gars-là. Comment ils faisaient, les mecs, pour chanter les niaiseries grotesques du père Fürnberg ? Et sans rigoler en plus, c'était défendu, tu penses.

Eh bien, je ne sais pas comment ils ont fait, mais ils ont chanté. Sans rigoler. Tu trouveras plein d'images d'archives de la RDA qui montrent des mecs vachement sérieux en train de chanter ce truc. Comme quoi, le Parti c'est papa-maman, et pis ça fait briller le soleil en plus.

Ça m'a toujours fasciné, cette aptitude des humains à abdiquer de leur volonté, de leur raison, de leur bon sens même. Je me suis toujours demandé : mais enfin, ce politiquement correct, qui finit par devenir la substance des esprits soumis, d'où ça vient ? Où ça va ? Comment ça marche ?

Telles sont mes questions. Question que sans doute tu partages, ô mon adorable interlocuteur imaginaire, toi qui as consacré quelques deniers durement gagnés à acquérir le support matériel de ma modeste réflexion.

Eh bien, si tu lis plus avant, je te proposerai quelques éléments de réponses.

Village gaulois en danger !

F aut dire que ces questions, elles commencent à se poser gravement. Chez nous, je veux dire. On n'en est pas encore à nous faire chanter « *Die Partei hat immer Recht* » (le Parti a toujours raison), mais c'est dans les tuyaux. On y vient, tout doucement.

La France était jadis le pays du libre débat. Chez les Gaulois, c'est notoire, on s'engueule pour tout et tout le temps, mais après la bagarre, on fait un grand banquet à la nuit tombée, avec le barde ligoté à un arbre, un tonneau en perce, et voici que le chef te fait un discours, et voilà que le druide lui répond, et donc Obélix finit le sanglier pendant que les grands hommes divaguent.

Telle était la France au temps des Gaulois. Et officiellement, bien sûr, c'est toujours comme ça.

Officiellement seulement, car la réalité, hélas, est désormais bien différente.

Nous z'y vlô. Parlons de *l'actualité* de mon bouquin.

Désormais, nous sommes priés de fermer nos gueules, mon camarade. Il y a en France des débats interdits. Des débats qu'il est convenu de ne point aborder dans les dîners en ville. Des débats qu'il vaut mieux éviter à la cantine, surtout si on tient à son boulot. Des débats à survoler rapidement, entre conformistes, pour se conforter mutuellement dans le consensus bien-pensant. Je te le dis, mon lecteur, si on n'y prend pas garde, ça se terminera par « *Die Partei hat immer Recht* ».

Certaines questions doivent rester sans réponse. Par exemple : « l'immigration est-elle une stratégie du capital pour faire pression sur les salaires ? » ; « la parité est-elle une stratégie du bloc institutionnel pour dépolitiser la politique ? » ; « le protectionnisme est-il un gros mot ? » ; « l'énarchie est-elle une mafia ? » ; « la classe politique est-elle cumularde parce que gamellarde, ou gamellarde parce que cumularde ? ». Il existe même maintenant, chez nous, des questions qu'on n'a carrément plus le droit de poser, à peine de mort sociale imminente. Par exemple : « les races existent-elles ? », ou encore le fameux : « combien de Juifs sont morts dans les chambres à gaz ? » (Posez cette question-là dans un dîner en ville, et vous finirez le repas à la cuisine, avec les laquais, comme dans le film « Ridicule », pour ceux qui l'ont vu).

Quant à moi, mon camarade, je ne supporte plus cette chape de plomb. J'en ai plus que marre de ce cadenas apposé par les bien-pensants sur les débats qu'on ne doit pas ouvrir. J'ai envie de faire mon boulot de Gaulois mal embouché – boulot qui consiste, si je résume, à me moquer des Romains parce que l'Empire va se casser la gueule et d'ailleurs ça sera bien fait, et puis à me payer la tête des Goths qui finiront par s'asseoir sur leur casque à pointe, ces andouilles-là, et puis encore à gueuler par toute la terre que je suis misogyne puisque j'aime les femmes, raciste puisque les Noirs me font marrer, et xénophobe puisque j'aime mes compatriotes bien plus que les Papous ou les Hottentots. J'ai envie de l'ouvrir, et plus on me demande de la fermer, plus j'ai envie de l'ouvrir !

Je suis sûr que tu me comprends, mon camarade.

J'ai envie de cracher dans la soupe. J'ai envie d'affirmer la primauté de mon bon sens sur les certitudes désincarnées. Je veux faire savoir que même si je n'ai rien à dire, j'ouvrirai ma gueule pour le principe (Coluche), et que si je donne mon point de vue, ce n'est pas parce que c'est le bon, mais parce que c'est le mien (Montaigne). Dans ce monde où la pensée est fliquée par les gendarmettes du féminisme triomphant, je veux pouvoir dire du mal des femmes si ça m'amuse et quand ça me chante. Dans ce système ridicule où le débat est caporalisé par les sergents-majors de l'antiracisme institutionnel, je veux pouvoir parler sans crainte de ce qui me sépare des *autres*. Dans cette société saturée d'hypocrisie droits-de-l'hommiste, je veux pouvoir établir publiquement que les droits de l'homme sont une arnaque, et, à l'inverse, que les devoirs des puissants envers les humbles sont le seul et véritable fondement de la justice. J'en ai plus que marre que les bénéficiaires de ce système ruiné se posent en victimes de ceux qu'ils oppriment, et j'ai bien l'intention de le faire savoir.

Seulement, problème : si *j'ouvre ma gueule*, on me la refermera aussi sec.

C'est que ça ne rigole pas, chez les nouveaux Tartuffe. Elles frappent au portefeuille, les précieuses ridicules d'aujourd'hui. Bruno Gollnisch, vice-président du Front National, coupable d'avoir déclaré que s'agissant de la Seconde Guerre Mondiale, c'était aux historiens d'écrire l'Histoire : tarif, 50.000 euros. Le simple fait de constater que l'Histoire doit être un sujet de débat, si tu es smicard, ça te coûte quatre ans de salaire.

Alain Soral, pamphlétaire explosif et rentre-dedans, coupable en gros d'avoir énoncé que si les sionistes avaient des problèmes, c'était peut-être aussi, parfois, de leur faute :

tarif, 6.000 euros. Christian Vaneste, député qui, un jour, s'avisa de dire qu'à son avis, l'homosexualité était inférieure à l'hétérosexualité : mis au pilori, la cour de cassation l'a sauvé de justesse...

Et combien de cadres marginalisés par leurs collègues féminines hystériques pour cause de non-respect du dogme féministe ? Et combien d'écrivains interdits de publication pour cause de non-prosternation devant le dogme antiraciste selon lequel la « diversité » serait par essence un enrichissement pour leur pays jadis trop blanc ? Comme l'a récemment chanté la figure de proue de l'excellent groupe « Les Inconnus » : « Si tu veux pas te retrouver seul, t'as intérêt de fermer ta gueule ! » - certes, voilà qui est dit dans une langue moins bien tournée que la célèbre apostrophe de Beaumarchais sur la liberté de blâmer et la valeur de l'éloge, mais quoi : c'est la vérité, tout simplement. « Si tu veux pas te retrouver seul, t'as intérêt de fermer ta gueule » - c'est exactement ça, en plein dans le mille !

« On peut plus rien dire », comme disait l'autre. Et donc, n'est-ce pas, quelle que soit mon appétence pour le débat, quelle que soit mon envie de ramener ma fraise, je fais comme tout le monde : je *ferme ma gueule*. À 50.000 euros la mauvaise pensée, je n'ai pas franchement les moyens de mal penser.

*

Ce silence auquel je suis condamné, je le supporte de plus en plus mal, mon camarade. Quand on sait ce qu'on sait, quand on voit ce qu'on voit et surtout quand on entend ce qu'on entend, on a envie de hurler, dans la France telle qu'elle est, en cette époque ô combien décadente.

C'est ainsi que m'est venue l'idée de rédiger pour toi une sorte de manuel de survie en milieu politiquement correct. L'objet de ce manuel n'est pas d'analyser le réel, sauf pour rappeler quelques évidences que l'honnête homme connaît déjà, mais plutôt de fournir clef en main une boîte à outils pour faire sauter les verrous. Pour enfin imposer la possibilité du débat, en toute légalité, même là où les chiens de garde sont les plus agressifs et les plus présents. Il s'agit, pour chaque débat empêché, de montrer pourquoi ce débat est empêché, comment l'empêchement est réalisé, et ensuite, bien sûr, d'en déduire comme cet empêchement peut être contourné. Je vais répondre aux questions que j'ai mentionnées précédemment, sois tranquille. Mais je ne le fais pas juste pour le plaisir de comprendre, sache-le, mon camarade. Je vais f... la m...

Que cela soit bien compris.

Je vais d'abord, ami lecteur, t'expliquer succinctement ce qu'est le politiquement correct – c'est-à-dire ce qu'est son essence, de quoi il procède, pourquoi il existe, et à quoi il vise. Après cette première partie didactique, mais, comme tu le verras, amusante et caustique, je te fournirai, pour chaque débat interdit, contrarié ou vicié, l'arsenal dialectique et polémique qui te permettra, enfin, de mettre leur nez dans le caca aux chiens de garde qui te cassent les bonbons depuis trop longtemps. Mon livre, ami lecteur, ô mon frère en hérésie politiquement incorrecte, va changer ta vie mieux que ne pourrait le faire un quelconque manuel de courtoisie. Je te propose en effet un manuel *d'anti-courtoisie*, dans une société où la courtoisie ne recouvre plus que le mensonge. Je te propose un manuel de l'hérésie salvatrice, en un temps où le dogme est rédigé par les faux prophètes.

Toi qui me lis, Astérix malicieux qui en as ras la casquette des donneurs de leçons droit de l'hommiste, Obélix furibard qui refuses obstinément de te faire couper les roustons par les féministes en transe, Panoramix sourcilleux à qui l'on ne fait pas prendre des vessies pour des lanternes, je t'invite à la grande castagne – celle qui, une fois les horions distribués à qui les méritait, nous ouvrira l'appétit pour ce banquet au clair de lune dont tu rêves depuis toujours ! Un banquet où, enfin, le barde ligoté qui nous cassait les portugaises, nous pourrons, mon camarade, entonner le chant des hommes libres et des Gaulois de toujours !

En avant la musique !

Tartuffe ou le politiquement correct

L e plus grand dramaturge français est évidemment Molière. Je n'ai rien contre Racine, moins que rien contre Corneille et pas grand-chose contre Beaumarchais, mais il faut se rendre à l'évidence : personne n'arrive à la cheville de Jean-Baptiste Poquelin. À une époque où la mode voulait qu'on mette en scène des antiques sublimes, Molière a montré la société où il vivait, en toute simplicité. À part Shakespeare et Goethe dans des genres différents, personne ne peut égaler Molière. Depuis le XVII° siècle, les bons en sont réduits à l'imiter, les génies peuvent tenter de l'adapter, et les autres n'ont plus qu'à la boucler.

Or, le génial Molière consacra une grande partie de son œuvre à la dénonciation du politiquement correct de son temps. C'est pourquoi le plus grand théâtreux de notre histoire sera notre guide pour analyser le politiquement correct d'aujourd'hui.

Naturellement, des crétins t'expliqueront que Molière, c'est poussiéreux. Ne les écoute pas, mon camarade. Ils disent ça parce qu'ils savent bien, ces empaffés, que sous la poussière gît la vérité éternelle.

En avant pour Jean-Baptiste Poquelin !

Avec en particulier trois pièces : « les précieuses ridicules », « le bourgeois gentilhomme » et « Tartuffe ».

Commençons par Tartuffe, puisque c'est le chef-d'œuvre.

*

À l'époque où Molière écrit, le politiquement correct s'est déguisé en catholicisme. C'est dur à comprendre aujourd'hui, vu que la catholicité, dans notre société sans Dieu, n'a plus rien d'oppressant – de nos jours, y a pas plus gentil que les cathos, y a pas plus doux, y a pas plus *sincère*. Mais à l'époque, on jouait une autre partition. Pour s'attaquer à l'Église, il fallait un sacré courage. Le gars qui se demandait à voix haute pour qui l'abbé de Cour bossait, Dieu ou le pouvoir temporel, il avait intérêt à courir vite à la sortie de la messe.

Lorsque Molière écrit le Tartuffe, la religion catholique s'est jésuitisée à mort. Et elle sert plus ou moins d'idéologie française (haha, l'allusion !). L'édit de Nantes n'a pas encore été révoqué, mais la pression monte sur la minorité parpaillote. Essentiellement petite-bourgeoise, la France protestante forme alors un peuple dans le peuple. Dans une Cour où les roués font semblant de croire que le vin devient du sang parce que les jésuites le disent, le parpaillot n'a pas la cote. C'est qu'à l'Ancien Régime appuyé sur la catholicité, le bourgeois protestant oppose une vision alternative du fait politique, une vision plus en adéquation avec la réalité des relations économiques – et donc une vision *très* mal vue par les parasites de Versailles, qui n'ont pas du tout envie que s'impose la réalité des rapports de production.

Le parpaillot n'est pas seul à se faire regarder de travers. Pour des raisons différentes, chez les cathos, ça barde aussi. Un conflit très violent oppose les purs, ceux qui croient vraiment que le vin devient du sang, aux petits malins qui n'y croient pas, mais prétendent que si, parce que ça les arrange. C'est l'époque de Port-Royal : les purs disent que Dieu seul sauve, alors que les jésuites de Cour disent qu'ils ont la clef du Paradis. Forcément, le discours Port-Royal, ça ne plaît ni aux jésuites de Cour, ni à leurs ouailles.

Et donc total, bien sûr, les purs se font casser.

En 1669, à l'époque du Tartuffe, *la messe est dite*. Les jansénistes de Port-Royal se sont fait démolir, et les parpaillots sont sur le point de se faire virer. La catholicité française est en train de devenir un jeu d'apparences sans substance spirituelle. Un jeu auquel tout le monde joue, mais qui n'a plus de sens. Le parti des dévots est en train de faire tomber sur la France une véritable dictature des mœurs.

Comment en est-on arrivé là ?

La dictature des dévots n'est possible que parce qu'elle arrange le roi. C'est que Louis XIV ne peut pas se permettre d'être libéral. Quand il monte sur le trône, la France sort tout juste de la Fronde, un gigantesque foutoir provoqué par la double révolte de la haute aristocratie contre la monarchie absolue – et aussi un peu, voire surtout, de la haute bourgeoisie contre la fiscalité royale. Total : un bordel sans nom, où 36 factions oligarchiques se sont affrontées joyeusement dans la plus totale anarchie, pour arriver au total respectable d'environ 100 000 morts – pas mal quand même, pour un conflit dont, au bout du compte, plus personne ne savait qui l'avait déclenché, ni pourquoi.

Moralité, le problème de Louis XIV, dans les années 1660, c'est d'éviter la reprise de la Fronde. Le dogme catholique et les subtilités théologiques de Port-Royal, le roi s'en fiche ou à peu près. Toute sa politique est subordonnée à un objectif unique : maintenir l'ordre. Or, pour maintenir l'ordre, le roi n'a pas besoin d'une vraie religion. Ce qu'il lui faut, c'est encager la société rétive dans une mise en scène bien réglée, *où l'on n'aborde plus les vraies questions.*

Première définition du politiquement correct : un discours vide de sens, *qui encage la pensée pour maintenir l'ordre social.*

D'où la fortune du parti dévot : très intelligent, Louis XIV n'est évidemment pas dupe de l'hypocrisie dévote. Mais peu lui importe : ce qu'il voit, notre Loulou, c'est qu'avec des dévots pour les occuper, les bourgeois payeront leurs impôts au lieu de financer les émeutes – et les nobles iront se donner en spectacle à Versailles, au lieu de se révolter à qui mieux-mieux. Tout le monde en rang, tout le monde à la messe : au moins, pendant ce temps-là, personne ne complote avec l'Espagnol !

C'est dans ce contexte étouffant qu'en 1669, Molière décide de s'amuser un peu. Jean-Baptiste Poquelin, le fils de bourgeois atypique, marginal disons-le, se lâche et pour de bon. Il commet une pièce qui lui fait tutoyer la disgrâce de très près : « le Tartuffe ».

Cette comédie de mœurs très enlevée est tout entière consacrée à l'étude de son personnage titre : Tartuffe, le petit flic de la pensée – flic ripou, en l'occurrence. Molière ne s'attarde pas sur le contexte, bien connu de ses spectateurs. Ce qu'il veut montrer, ce n'est pas le rôle de Tartuffe dans la société française. Ce qu'il veut montrer, c'est comment, par ses excès, par ses mensonges, par ses abus, Tartuffe *met en danger* l'ordre social institué par Louis XIV. En ce sens, la pièce de Molière est d'ailleurs politiquement correcte : elle ne constitue pas une révolte contre l'ordre social – Molière savait que s'il était allé jusque là, ça se serait très mal terminé pour sa pomme. « Le Tartuffe » constitue au contraire un avertissement bienveillant à l'égard du roi. Un avertissement qu'on pourrait résumer ainsi : *surveillez vos surveillants !*

Premier constat sur le politiquement correct : *c'est une mécanique contrôlée par le Pouvoir, mais qui menace à tout moment de s'emballer.*

Petit résumé, pour les ceusses qui ne connaîtraient pas.

Orgon est un bon bourgeois gentiment con. Cornaqué par sa maman, une vielle peau aigrie, il s'est entiché d'un dévot hypocrite à souhait : Tartuffe – un sinistre qui se la joue jeûne permanent, Christ über alles, moine espagnol sado-maso. Du coup, c'est pas fête à la maison. On fait dans la dévotion brûlante, défense de rire. Tout le monde en a marre, à commencer par la légitime d'Orgon, Elmire, et sa fille, Marianne. Même la bonne, Dorine en a sa claque et ne se prive pas pour le dire.

Ce crétin d'Orgon s'est si bien fait laver le cerveau par Tartuffe qu'il envisage carrément de lui filer la main de Marianne. Celle-ci n'apprécie guère, ayant le béguin pour un certain Valère, lequel, on s'en doute, prend mal l'affaire et se fiche en rogne. Comprenant que ce bouillant jeune homme va faire une grosse bêtise, Dorine prend les choses en main, et suggère à Elmire de faire le coup du charme à Tartuffe.

C'est que visiblement, le dévot a des vues sur la maîtresse de maison.

Deuxième constat sur le politiquement correct : *son point faible, c'est la bassesse de ses serviteurs.*

Paraît Tartuffe. Voici la scène clef : le personnage commence par s'offusquer du décolleté de la bonne (« couvrez ce sein que je ne saurais voir »), puis, ne se sachant pas observé, il chauffe carrément la maîtresse de maison !

On avise Orgon, on lui raconte. Seulement, problème : le gars est tellement fasciné par son Tartuffe qu'il refuse de croire ce qu'on lui narre ! Il finit même par se mettre en colère contre sa famille, et donne carrément la maison à Tartuffe, histoire de prouver qu'il lui fait confiance !

Elmire comprend que son mari ne croira que ce qu'il verra. Elle tend donc un piège à Tartuffe, s'arrangeant pour qu'il la drague pendant que son mari, planqué, observe la scène. Cette fois, le mec pige qu'on se paye sa tête, et il décide de virer Tartuffe. Mais problème, à nouveau : le propriétaire de la maison, désormais, c'est Tartuffe ! C'est donc lui qui vire Orgon et toute la smala ! Et pour qu'on ne le dérange plus, il se fend carrément d'une lettre de dénonciation au roi, affirmant, sans preuve mais avec beaucoup d'habileté, qu'Orgon est un salopard de frondeur.

Heureusement pour Orgon (et pour Molière aussi, vu que Louis XIV ne badinait pas), le bon roi comprend tout. Il fait arrêter Tartuffe le faux dévot et restitue ses biens à cette andouille d'Orgon. Happy end, la morale est sauve, les miches de Jean-Baptiste Poquelin aussi : Louis XIV a surveillé ses surveillants, tout rentre dans l'ordre.

Fin du résumé.

Analyse.

Tartuffe, c'est le gars qui veut niquer la maîtresse, mais qui s'offusque du décolleté de la bonne. C'est le mec qui veut piquer la maison, mais qui prétend qu'il dort à l'église. Il ne parle quasiment jamais de ce qui le préoccupe vraiment (à savoir le cul de la femme de son pote et, tant qu'on y est, le plumard qui va avec). C'est justement pour ne jamais parler de ça qu'il passe son temps à causer du Christ. En fait, la religion lui sert de paravent. Il sature l'espace de catholicisme hard, moyennant quoi, derrière ce rideau de brouillard, il fait ses petites affaires.

Ce qu'il faut bien comprendre, c'est que Tartuffe n'en a rien à cirer de la religion. Il est tout à fait inutile de le briefer sur la théologie, la morale chrétienne ou autres sujets élevés. Tout ça, dans son esprit, c'est juste un moyen de déplacer le débat pour masquer les vrais enjeux. Telle est l'essence de Tartuffe, l'imposteur, et par extension celle de tous les flics politiquement corrects : ce ne sont pas des gens qui disent le faux pour mentir, *ce sont des gens qui disent le vrai pour cacher la fausseté qu'ils ont en eux* (troisième constat).

Actualité du propos ? Evidente, à condition de transposer.

Vous remplacez le Christ par la Shoah, Louis XIV par le pouvoir oligarchique transnational, Tartuffe par les serviteurs du système politico-médiatique institutionnel, Orgon par le crétin médiatiquement lobotomisé et Valère par le dissident français lambda, vous avez la formule du politiquement correct contemporain.

Tartuffe, aujourd'hui, ne balance plus : « Je suis pour le ciel appris à tout souffrir », mais il continue à lorgner sur l'héritage. Son truc, désormais, c'est de se la jouer traumatisé de la Shoah à la quatrième génération – Shoah dont il se contrefout, d'ailleurs, mais qui lui sert de paravent.

« Pardon, » demande Valère le dissident naïf qui aimerait bien mettre Marianne dans son pieu, « mais pourquoi payer des impôts élevés à cet État ruiné, qui ne fait qu'engraisser la finance mondialisée ? »

« Je répondrai à votre question plus tard, » balance notre Tartuffe médiatique postmoderne, « mais d'abord une question : combien de Juifs sont morts dans les chambres à gaz ? 6.000.000, ou 5.999.999 ? »

« Ah ben, scuzez, mais j'étais pas à l'entrée pour pointer, » répond notre Valère, désarçonné par la question.

Et voilà, Tartuffe s'exclame : « Il a nié l'holocauste ! IL À NIE L'HOLOCAUSTE ! C'est un nazi, fermez-lui la gueule et filez-moi les clefs de la maison ! »

Et revoilà, Valère *ferme sa gueule* vu qu'il est nazi. Orgon le téléspectateur crétinisé lambda ne pense plus à la finance mondialisée : maintenant, il a peur de Valère, le vilain nazi. Et Tartuffe, le petit malin, récupère les clefs de la taule.

Le politiquement correct, *c'est ça*.

Le Bourgeois Gentilhomme, ou les ressorts du politiquement correct

L e piège de Tartuffe est grossier. D'où la question : pourquoi ça marche ? Comment Orgon peut-il être assez bête pour croire Tartuffe ?

La réponse, une fois de plus, on la trouve chez Molière.

Un an après Tartuffe, il pond un deuxième chef d'œuvre : « Le Bourgeois Gentilhomme ».

De quoi s'agit-il ?

En 1670, les turqueries sont à la mode. Un ambassadeur à turban s'est ramené à la Cour de Louis XIV. Depuis, c'est la mode de jouer les Turcs, histoire de faire son intéressant. Molière pige que ça veut dire quelque chose, cette mode, et dans son « Bourgeois Gentilhomme », mine de rien, il propose une *explication*.

Mettons une fois de plus nos menus petons dans les traces immenses laissées par le géant. Molière a tracé la voie : suivons-le !

*

Résumé pour les ceusses qui ne connaîtraient pas.

Monsieur Jourdain est un bon bourgeois un peu con, pile comme Orgon. Comme il a plein de thunes et zéro prestige, il se met en tête d'acheter du prestige avec sa thune. Le v'là qui engage un maître de musique, un maître à danser, un maître de philosophie et un maître d'armes. Leur job, c'est de transformer Jourdain en aristo stylé.

Les mecs savent bien que c'est mission impossible, mais ils acceptent quand même, parce qu'ils ne crachent pas sur le pognon. On assiste à leurs leçons. Jourdain n'y entrave rien, mais ça lui plaît quand même, parce qu'il ne comprend pas qu'il ne comprend pas. Ça se termine quand ses maîtres se mettent sur la gueule, chacun essayant de convaincre de la supériorité de son art. Jourdain est incapable de les mettre d'accord, vu qu'il n'est pas un gentilhomme, et qu'il faudrait en être un pour leur river le clou. Le mec peut bien prendre des leçons de danse, de philo ou d'escrime, il ne sait pas faire la *synthèse*.

Ses préoccupations sont terre-à-terre. Il raisonne en bon bourgeois, qui veut connaître des trucs pratiques. *L'essence* du gentilhomme, c'est-à-dire l'unité dans l'harmonie, ça lui passe complètement au-dessus de la tête. Il aimerait bien faire partie des castes supérieures, le Jourdain. Avoir le droit d'étudier les textes sacrés, tout ça. Mais ça ne s'achète pas, ça. Il faut, pour atteindre à cette capacité de synthèse, une ascèse dont l'ampleur et la nature lui échappent complètement, à notre bon bourgeois un peu con.

C'est triste, mais c'est comme ça.

Et au passage, nouveau constat sur le politiquement correct : son client parfait, c'est le gars qui ne peut plus *faire la synthèse*.

En fait, les motivations de Jourdain sont à l'image de sa personne. S'il veut dominer, ce n'est pas pour atteindre à la synthèse, mais parce qu'il trique pour une marquise, le bourgeois. Dorimène, elle s'appelle, la donzelle. C'est tout bonnement pour la caramboler qu'il se la joue grand seigneur, le Jourdain.

Du coup, le pauvre homme passe la pièce à se ridiculiser. Pour épater la greluche de ses pensées, il se paye un costar qu'il croit super classe, mais qui n'est que m'as-tu-vu. Sa femme se paye sa tronche, même la bonne rigole. Bref, on s'amuse bien chez les Jourdain.

Là où ça coince, c'est qu'un certain Dorante, un courtisan, profite de la niaiserie du bonhomme Jourdain pour lui soutirer du pèze. Le gars a pigé qu'il lui suffisait de donner du monseigneur à son bourgeois pour le rincer proprement. Total : ce Dorante arnaque complètement le pauvre Jourdain. Il fait croire à Dorimène qu'il lui paye des bijoux, alors qu'en fait, il tape dans la cassette du bourgeois transi. On comprend assez vite que le gentil Jourdain un peu con ne niquera pas sa marquise, mais qu'en revanche, le courtisan malin va se la faire, et en plus, aux frais de son pote bourgeois.

Pendant ce temps, Lucile, la fille de Jourdain, a le béguin pour un certain Cléonte. La femme de Jourdain en a sa claque des niaiseries de son mari, et pour remettre un peu d'ordre dans la famille, elle presse Cléonte de demander la main de Lucille. Bien sûr Jourdain refuse, au motif que Cléonte n'est pas un gentilhomme. La situation semble bloquée, mais grâce à la ruse du valet de Cléonte et au prix d'une mascarade insensée, tout va rentrer dans l'ordre.

Où l'on va comprendre *pourquoi* Orgon est dupe de Tartuffe, comme Jourdain est dupe de Dorante.

Le valet de Cléonte se pointe chez les Jourdain. Il se présente comme un ami du père de Jourdain, et prétend qu'il a voyagé chez les Turcs. Or, dit-il, le fils du Grand Turc est amoureux de Lucille, et veut l'épouser. Encore mieux : au passage, il veut faire de Jourdain un Mamamouchi, c'est-à-dire un gentilhomme turc.

Arrive le fils du Grand Turc, qui n'est autre que Cléonte déguisé. Il dégoise en turc d'opérette, et c'est son valet qui fait la traduction. Ça fait bien rigoler Dorante, lequel ne trouve rien à redire à l'opération, puisque lui, il a déjà eu ce qu'il voulait, à savoir Dorimène. Suit une cérémonie bouffonne où le Grand Turc d'opérette ennoblit son timbré de beau-père, avec la complicité de Dorante et de Dorimène, lesquels se marient en même temps que Lucille et Cléonte, le faux Turc. Rideau, tout est bien qui finit bien. Au prix d'une *comédie,* la folie de Jourdain a servi la raison.

Fin du résumé.

Analyse.

La pièce de Molière décrypte la « mode turque » qui sévit à cette époque : c'est un moyen pour le bourgeois de s'inscrire dans un univers imaginaire où il peut jouer les aristos.

Alors petit flash-back historique, histoire de piger le contexte.

La France de Louis XIV était traversée par un conflit de classes implicite entre la bourgeoisie en ascension et l'aristocratie en déclin. L'ordre social était fragile. À l'époque, le capital était toujours détenu par la haute aristocratie, mais le contrôle de la production passait progressivement entre les mains de la grande bourgeoise (à l'époque une classe *progressiste*). La noblesse restait l'armature politique de la monarchie, mais la bourgeoisie commençait à lui faire de l'ombre. Et plus la bourgeoisie lui faisait de l'ombre, à l'aristocratie, plus celle-ci se la jouait caste privilégiée, forcément.

Moralité : malaise général chez Loulou la Grandeur. *L'institution imaginaire de la société n'est plus en adéquation avec la réalité des rapports de classe.* Dans la France de Louis XIV, le bourgeois est à la fois indispensable et déplacé. Et se sachant indispensable, il n'en éprouve que plus cruellement son éloignement du pouvoir. Le mec, genre Jourdain, il se rend bien compte qu'il doit maintenant faire la clef de voûte de l'architecture d'ensemble, vu qu'en réalité, c'est lui qui tient le haut du pavé. Mais problème : on ne lui a pas appris à jouer ce rôle-là, au brave bourgeois paumé. Alors il essaye d'apprendre. Mais c'est dur.

C'est à la lumière de cette donne sociologique qu'il faut comprendre Molière. Le personnage de monsieur Jourdain est évidemment cousin de celui d'Orgon. Dans les deux cas, on a affaire à un bourgeois un peu con, pas méchant au fond, mais mal dans sa peau. Orgon se console par les bondieuseries, Jourdain en pétant plus haut que son cul, mais l'un et l'autre ont besoin de *jouer un rôle* pour exorciser leur malaise.

Jouer un rôle.

Tout est là.

Jouer un rôle, donc avoir un rôle à jouer. Donc suivre un *scénario*. Faire partie d'une *mise en scène*.

Nous y vlô.

La morale du « Bourgeois Gentilhomme » est transparente : pour reconstruire un équilibre là où l'équilibre a été rompu, il faut fabriquer un espace fantasmatique où les facteurs de déséquilibre peuvent se dissoudre. L'adoubement bouffon de Jourdain par le Grand Turc n'est rien d'autre que la construction de cet espace fantasmatique. Une fois « mamamouchi », le bourgeois gentilhomme arrête de faire chier son monde : il n'a plus envie de sauter la marquise, puisqu'il n'en a plus besoin pour se sentir noble, donc il marie Dorante et Dorimène ; et il ne voit pas plus d'inconvénient au mariage de Lucille, puisque Cléonte, il le prend pour un Grand Turc. Moralité : le groupe avait besoin de s'inscrire dans une superstructure symbolique pour retrouver sa cohésion. Jourdain, qui est tout sauf un véritable boss, capable de construire une telle superstructure, *a donc accepté de bonne grâce la turquerie qui lui permettait de résoudre son problème.*

Mords-tu le topo, mon camarade ?

Même si le « Bourgeois Gentilhomme » ne traite pas directement du politiquement correct tartuffesque, le lien entre les deux pièces est établi par la psychologie commune de leurs personnages. Si Orgon croit Tartuffe, c'est parce que Tartuffe construit l'espace fantasmatique dont Orgon a besoin pour exorciser son malaise. Certes, le trip catho super-coincé ultra-dévot, c'est moins *fun* que les turqueries de Jourdain. Mais fondamentalement, c'est la même chose : le bourgeois paumé, parce que potentiellement dominant dans une société qui nie sa domination, se fabrique un espace clos, émancipé du réel, et dans lequel il peut assumer son statut de dominant.

Turqueries bouffonnes ou bondieuseries lourdingues, le monde artificiel fabriqué par le politiquement correct moliéresque *fonctionne* parce qu'il assure une *fonction*. Il permet aux individus de *ne pas voir* l'absurdité du jeu social, alors que ce jeu est devenu objectivement totalement vide de sens profond. Si Orgon est dupe du rideau de fumée de Tartuffe, c'est parce que ce rideau de fumée lui permet de se dissimuler, lui aussi – en même temps qu'il masque la figure obscène de Tartuffe. En l'occurrence, la victime est complice du crime.

Constat : le politiquement correct, *ça sert surtout à regarder là où il n'y a rien à voir*.

Actualité du propos ? Evidente, à condition de transposer.

Vous remplacez Dorante par la haute bourgeoisie transnationale, Dorimène par le pouvoir politique, monsieur Jourdain par les bourgeois repus baby-boomers, Cléonte par les jeunes sous-payés genre stagiaire perpétuel, et puis Lucille par la prospérité petite-bourgeoise : voilà, vous avez l'une des formules centrales du politiquement correct contemporain.

Monsieur Jourdain le baby-boomer a tout : le pognon, la sécurité de l'emploi – mais tout sauf l'essentiel : il n'a pas le pouvoir, ni même la capacité d'assumer le pouvoir. Il aimerait bien le conquérir, ce satané pouvoir, mais au fond, il se rend bien compte qu'il n'y a pas droit, et ça le fait braire. Il est dominateur sans pouvoir justifier sa domination, et cependant dominé sans oser se révolter – de quel côté qu'il se tourne, il est mal à l'aise.

Pendant ce temps-là, Dorante le gros richard cosmopolite veut garder le pouvoir, parce que lui, il s'en pense digne. Alors voilà, Dorante pique dans la bourse de Jourdain pour se l'acheter, la Dorimène, et pour que ça ne se voie pas trop, il se met d'accord avec Cléonte le pauvre. Cléonte se déguise en fils d'immigrés, et on prétend qu'en lui filant Lucille, la prospérité et donc le fric, ce gros con de Jourdain devient « mamamouchi » de l'antiracisme.

Et voilà, le tour est joué : Jourdain accepte de se faire mettre (passez-moi l'expression), puisque c'est pour une bonne cause. Au lieu d'être l'ahuri de petit-bourgeois qui se vautre sur le dos des pauvres tout en se faisant mettre (re) lâchement par la haute bourgeoisie parasitaire, d'un coup de baguette magique, le voilà promu noble paladin d'une cause juste (l'antiracisme). C'est en grand « mamamouchi » de la fraternité universelle qu'il file sa Lucille non aux pauvres (qu'il méprise, comme tout petit-bourgeois), mais aux opprimés du Tiers-Monde (comble du progressisme). En un seul geste, le gars se rachète à la fois de son usurpation et de sa lâcheté.

Total : Jourdain est un enfoiré dans tous les sens du terme, mais maintenant, il assume !

Le politiquement correct, *c'est ça aussi*. Un moyen *d'assumer ce qu'on ne peut pas assumer*.

Les Précieuses Ridicules, ou l'économie érotique du politiquement correct

Ah, un peu de misogynie !

Indispensable, dans ce bouquin fait tout exprès pour déconcerter les bien-pensants !

Et puis distrayant, en plus.

Ne nous gênons pas, allons-y gaiement.

Parlons du lien entre féminisation et soumission mentale.

Molière, encore. Molière, toujours. Un dernier petit détour chez le génial Jean-Baptiste Poquelin.

Au menu : « Les précieuses ridicules ». Dix ans avant « Tartuffe », Molière raille, déjà, le théâtre social de son temps. Et si l'on va au fond des choses, c'est bel et bien dans cette grosse farce misogyne que le génie du sieur Poquelin s'exprime le mieux, c'est là qu'il dit *le fond de l'affaire*.

*

Résumé pour les ceusses qui ne connaîtraient pas.

Gorgibus est un bon bourgeois pas con du tout. Il a une fille, Magdelon, et une nièce, Cathos. Il veut les marier à deux bons gars, La Grange, qui a du fric, et Du Croisy, qui a un nom. Que du bonheur.

Seulement, problème : les deux pouffiasses ont la tête retournée par les romans à l'eau de rose. Elles veulent être aimées, ces connes. Total : elles boudent les honnêtes prétendants présentés par leur père et oncle.

La Grange et Du Croisy le prennent mal. Ils décident de se payer la tête des deux pestes. Ils envoient leurs valets jouer les amoureux transis, déguisés en faux aristos. Les larbins posent aux gentilshommes qui posent aux précieux, les meufs posent aux princesses qui posent aux précieuses. Gros délire, raffinement *tendance tantouze*, tout le monde pose dans le salon.

Là-dessus, La Grange et Du Croisy se ramènent. Ils filent une trempe à leurs valets, lesquels se retrouvent victimes du piège dont ils se croyaient complices. Magdelon et Cathos passent pour les deux connes qu'elles sont, et Gorgibus leur file une bonne rouste pour leur apprendre à faire braire le monde avec des minauderies foireuses.

Fin du résumé.

Analyse.

Cette grosse farce fonctionne parce que la cible est énorme. Le mouvement des « précieuses » était en lui-même ridicule, il était donc facile à tourner en dérision. Molière se contente de montrer la fausseté consubstantielle à cette parodie de société inversée, et ça suffit à faire rire. Dans l'histoire, La Grange et Du Croisy sont les bons gars, qui assument la trivialité des rapports de sexes et de classes. Quand ils se pointent pour dérouiller leurs larbins, c'est le réel qui se venge. Aujourd'hui ça nous choque, Révolution Française oblige. À l'époque, c'était bien vu que les forts soient forts et que les faibles ne la ramènent pas. Passons outre, les temps changent. Au-delà des apparences, allons au cœur du sujet.

Tu vas voir, mon camarade. Ça vaut le *déplacement*.

Le réel, pour Molière, c'est la brutalité. Brutalité de la domination masculine, brutalité des hiérarchies sociales. Face à ce réel, Magdelon et Cathos se croient raffinées, *mais elles ne sont qu'hypocrites*. Elles construisent, par leur préciosité, un univers où elles dominent ; donc en fin de comptes, elles incarnent la faiblesse dominatrice, et point du tout le raffinement d'une société libérée. Dans la société française de l'époque, société ultra-inégalitaire et ultra-violente, la préciosité n'est qu'un rideau de fumée. La précieuse, c'est l'aristo ou la bourgeoise (plus rarement), pleine de thunes, qui profite des avantages de classe, mais qui ne veut pas en voir l'origine. La Grange et Du Croisy, eux, au moins, ils assument : nous sommes forts, alors nous dominons, et *nous fais pas chier*. Y a pas à tortiller, ça a le mérite de la franchise.

Actualité du propos ? Evidente, et même pas besoin de transposer.

Le « politiquement correct », comme il a été dit précédemment, ne consiste pas, du point de vue de ses agents actifs, à dire le faux mais à dire le vrai. Et cela, toujours, pour cacher la fausseté qu'on porte en soi. C'est pourquoi le féminisme est, aujourd'hui comme hier, une stratégie très fréquente des « PC » de tous poils. *Dénoncer l'oppression de sexe est aussi un moyen de cacher l'oppression de classe.* Au XVII° siècle, le mouvement des précieux était limité aux classes supérieures. Pas de précieuses chez les paysans, pas davantage dans la petite bourgeoisie. Il faut avoir du temps à perdre et des choses à se cacher pour inventer un monde artificiel, où la question des rapports entre les sexes est surcodée jusqu'à saturer le débat.

On objectera que Magdelon et Cathos ont réellement l'impression d'être opprimées par les « sévères lois des hommes », et qu'en outre cette oppression est réelle. Certes, mais cela ne change rien. Comme vu précédemment, le « PC » est un crime dont le coupable et la victime sont souvent *un seul et même acteur.* Ce n'est pas toujours un mensonge conceptualisé, c'est souvent une vérité partielle et partiale, et dont la partialité peut rester semi-consciente. Les précieuses n'ont pas besoin de savoir leur ignorance des rapports de domination réels. Elles n'ont, par exemple, nul besoin de *savoir* que leur revendication féminine masque l'ignorance délibérée des revendications sociales. Il suffit que cette revendication les libère du parasitisme où elles croupissent. Elles ne comprennent pas pourquoi leur délire leur plaît. Ce qu'elles voient, ces *connes*, c'est que ça les botte.

Quitte à passer auprès de toi pour misogyne, ami lecteur qui se trouverait être une amie lectrice, je te ferai remarquer, à ce propos, une certaine identité de forme entre l'esprit féminin et les structures de la pensée « politiquement correcte ». En effet, si la domination masculine est directe, brutale, gare-ta-gueule-à-la-récré, la domination féminine prend généralement la forme de la *manipulation perverse.* Donc très exactement le type de domination d'un Tartuffe sur un Orgon, ou d'un Dorante sur un Jourdain.

Or, vois-tu, ma fille (?), cette isomorphie spontanée entre l'esprit « PC » et la féminité de tient pas seulement à leur commune stratégie indirecte. Il y a quelque chose de plus profond : le syndrome de la *jeune fille.*

Approfondissons le sujet (!).

Au-delà des charmes indéniables d'un discours misogyne qui nous console de nos déboires sentimentaux et nous permet d'attaquer la *political correctness* contemporaine sans courir le moindre risque physique, il faut reconnaître que la jeune fille à marier peut à bon droit se sentir profondément opprimée. C'est en effet de très loin le type humain qui maximise les conditions objectives *et subjectives* de l'aliénation.

Conditions objectives : la jeune fille à marier est réduite, dans les classes supérieures, à sa fonction de reproduction. Elle est en elle-même un capital, et elle n'est que cela. Défense de travailler, fillette : ton ventre est trop précieux pour qu'on t'use au boulot. Défense de faire la guerre : tu nous intéresses par les chiards que tu pourras pondre, donc ne va pas risquer ta vie. Exclue de la production, exclue de la lutte, la jeune fille à marier est enfermée dans la reproduction. Elle n'existe, pour ainsi dire, que comme pondeuse. Pas drôle.

Conditions subjectives : le gros problème de la jeune fille à marier, c'est qu'elle désire ce qui l'opprime. J'ai nommé : le phallus. À partir de là, la domination est intériorisée, par la force des choses (pas la peine de te faire un dessin). Et donc la jeune fille à marier ne peut pas se libérer sans se renier. Et donc elle ne peut pas se libérer du tout, sauf à construire un monde imaginaire où le phallus cesse de l'opprimer.

Ce syndrome de la jeune fille donne, dixit le bon docteur Freud, la clef du mystère de l'hystérie. Mais il donne aussi, pour le même prix, une jolie grille d'analyse des mentalités « PC ». Le rideau de fumée politiquement correct de Tartuffe fonctionne sur le plan psychologique *comme une hystérisation des rapports sociaux*. Il permet à l'appétit de soumission femelle de se donner libre cours, sans s'avouer à lui-même ce qu'il est, ce qu'est sa nature profonde. Le vide de l'être est comblé sans agression, puisque celui dont l'être est investi se pense symboliquement détenteur du phallus auquel il se soumet. C'est exactement l'économie érotique de l'hystérie – et le politiquement correct, c'est aussi, et peut-être surtout, *cette économie-là*.

Constat désagréable, pardon pour sa trivialité : le politiquement correct ça sert surtout à regarder là où il n'y a rien à voir, et ce qu'on ne veut pas voir, c'est le *phallus* (du mâle, du Pouvoir).

Moralité : dans n'importe quelle société, plus le type social de la jeune fille est prédominant, plus le politiquement correct sera prégnant. Plus le besoin femelle de soumission sera titillé dans les esprits, plus les gens seront mûrs pour se prosterner devant une idole « PC », et peu importe l'idole.

Et d'ailleurs, nous allons tout de suite vérifier ce lien entre hystérie et esprit politiquement correct. Direction : l'Amérique, le pays des hystéros !

Les sorcières de Salem, ou quand le personnage principal entre en scène

Jusqu'ici, le sujet, c'était : les fondements anthropologiques du « PC » mou, version vieille France. C'était plutôt gentil, tout ça : cathos chafouins escrocs mais pas sanguinaires, bourgeois prétentiards mais bons clients, bonnes femmes ridicules mais pas garces. Douce France, comme tu mérites ton titre !

Cela dit, il faut passer aux choses sérieuses.

Remontons à la source du « PC » contemporain, l'Amérique puritaine. Là où le politiquement correct est *méchant*.

Exit Molière. Adieu Jean-Baptiste, repose-toi, tu as bien œuvré.

À présent, on va parler d'une autre société, d'une autre manière d'être con en groupe.

Direction : les States.

Suivez le guide : Arthur Miller, et sa pièce fameuse, « Les sorcières de Salem ».

*

Résumé pour les ceusses qui ne connaîtraient pas.

Salem est un bled paumé, en Nouvelle-Angleterre, au temps des puritains pur sucre. Les donzelles du patelin ont le feu aux fesses. Elles organisent des rituels de sorcellerie pour s'attirer l'affection des lascars dont elles convoitent la quéquette. Parmi elles, une certaine Abigail, la nièce du pasteur. Celle-là n'a peur de rien : elle désire John Proctor, un homme marié, et veut donc faire mourir la régulière du bonhomme, avec mauvais sort et magie noire à la clef. Le pasteur du bled est au courant, nature, mais comme il n'a pas envie qu'on sache que sa nièce déconne à plein tube, il la boucle. Hystérie, hypocrisie. Les States, quoi, déjà.

Seulement, problème à Salem. Traumatisées par la gaudriole, des gamines tombent en catalepsie. Du coup, les péquenots se mettent à débloquer sur le Diable. Et vu que ces mecs sont lobotomisés par une religion qui ferait passer le christianisme espagnol pour une douce plaisanterie (interdit de danser, interdit de rigoler, et surtout interdit de ne pas interdire), ça va chier des bulles carrées.

À l'époque, on brûle une sorcière par an, histoire de blâmer quelqu'un dans le lot, que les zèbres soient peinards. Le problème de ces mecs, en effet, c'est qu'ils se veulent parfaits, et forcément, ils n'y arrivent pas. Ils pensent au cul, au flouze et à faire chier leurs voisins, comme tout le monde. Alors pour expliquer la couille dans le potage, faut bien qu'ils trouvent quelqu'un à condamner, périodiquement.

Débarque un chasseur de sorcière professionnel (c'est un métier, là-bas). Cet inspecteur gadget tendance bûcher-chaud découvre que la même Abigail a organisé des sauteries pas franchement chrétiennes. Celle-ci pige tout de suite que si elle ne décharge pas la colère de la communauté sur quelqu'un d'autre, elle est cuite (si l'on ose dire). Du coup, elle raconte que c'est la négresse du coin qui l'a forcée (faut bien que les noirpiots servent à quelque chose, pas vrai ? – encore un trait très américain).

Or, la blackos n'est pas conne : elle pige que pour ne pas être taxée de complicité avec Satan, elle n'a plus qu'à jouer la victime. Elle débloque donc comme quoi le Démon l'envoûte, ce qui lui vaut la compassion de l'inquisiteur de service, mais aussi un interrogatoire serré : et qui c'est-y encore qui fricote avec Satan, dans le coin, hein ?

La *servante noire* sent le filon. Elle désigne des meufs que certains mecs ne peuvent pas blairer : comme ça, elle est sûre d'avoir des protecteurs. Les autres filles anticipent le grand trip « une main lave l'autre ». Du coup, elles aussi, elles ont vu le Diable. Moralité : le mécanisme de purification *s'emballe*. Tout le monde a vu le Diable, tout le monde témoigne que telle ou telle bonne bourgeoise se tenait à ses côtés. Même qu'une gamine en catalepsie se réveille, et elle aussi, elle balance. Hystérie totale. L'inspecteur gadget est aux anges : pour un beau nid de sorcières, c'est un beau nid de sorcières !

L'affaire prend un tour surréaliste. Les juges du roi débarquent pour le grand procès en sorcellerie. La règle du jeu est simple : on pend les sorcières qui n'avouent pas qu'elles ont vu le Diable, on ne pend pas celles qui avouent. De manière assez prévisible, les bonnes femmes se mettent donc à table sans discuter. Vivi, elles ont vu le Diable, pas de problème. À croire qu'il s'est baguenaudé dans le village pendant la moitié de l'année.

À partir de là, ça tourne à l'hystérie intégrale. Le monde paysan, c'est querelles de bornage et compagnie. Ces bisbilles entre familles dessinent la toile de fond d'une succession de vengeances personnelles à grand coup d'accusation : Untel a empiété sur mon champ, c'est donc un sorcier ! Et Abigail, la petite garce en rut, devient le porte-drapeau de cette étrange croisade de la communauté contre elle-même.

Et donc, la gamine perd complètement les pédales. Elle fait accuser de sorcellerie la femme de Proctor. Et ça marche, parce que Proctor n'est pas bien vu. Ce mec trouve que son pasteur est trop intéressé par le flouze de ses ouailles, et il se demande à haute voix où un homme qui pense tant à l'argent trouve le temps de penser à Dieu. Dangereux, ça, comme question.

D'autant plus dangereux que le juge en chef est un fanatique de première, le genre de gars qui veut purifier la planète à lui tout seul. Un puritain, un vrai. Un gars qui croit que Dieu l'a chargé d'une mission spéciale, genre séparer le bon grain de l'ivraie, et pas de pitié pour les canards boiteux. Le type qui sait que le Mal peuple sa communauté, et veut l'en expulser à tout prix. De préférence en immolant une *victime émissaire*, comme ça en plus, y a du spectacle. Un puritain, vous dis-je. Un *judéo-chrétien*, comme on dit. Un Juif qui se veut chrétien, si vous préférez, et qui pour finir n'est ni l'un, ni l'autre, mais tout le contraire.

Bref, revenons à Proctor, le mec qui croyait qu'on pouvait causer peinard en pleine purge.

Demander à un fanatique si son cureton est bien propre, c'est du suicide. Moralité : après moult péripéties qui démontrent clairement qu'en face d'un chasseur de sorcières, le seul moyen de sauver sa peau, c'est de plaider coupable et d'accuser le voisin, le sieur Proctor finit au bout d'une corde. Comme, d'ailleurs, tous les braves gens du coin, puisqu'à partir du moment où le seul moyen de ne pas se faire traiter de salaud, c'est de traiter les autres, les seuls à morfler sont, précisément, ceux qui ne sont pas des salauds. Amen.

*

Analyse.

Quand Arthur Miller écrit « les sorcières de Salem », l'Amérique est en plein maccarthisme. Le jeu à Hollywood, c'est : grouille-toi de dénoncer un coco, si tu ne veux pas passer pour un coco. Du coup, la pièce de Miller est généralement lue comme très connotée à gauche.

Eh bien mon camarade, moi je dis que c'est une erreur de lire comme ça le boulot du père Miller. Ce que dénonce Arthur M., dans son petit chef d'œuvre, n'est nullement l'époque maccarthiste. Ce qu'il dénonce, c'est le puritanisme *en tant que tel*.

L'esprit puritain peut se manifester de manière diverse. Au XVII° siècle, on chasse les sorcières. Au XIX°, dans le Sud, on pend les « nègres » parce qu'ils font des coupables parfaits. Puis, juste retour des choses, après la guerre de sécession, le Nord vainqueur diabolise le Sud esclavagiste, d'où les exactions légales des profiteurs de guerre. Au XX° siècle, l'Amérique chasse les cocos, ça l'occupe. Puis, à partir des années 60, elle entre en guerre avec elle-même : une moitié accuse les « libéraux » (au sens américain) d'être la cause des maux du pays, pendant que ces mêmes « libéraux », dans une démarche *rigoureusement symétrique*, criminalisent toute forme de pensée contraire à leur vision d'une Amérique sans discriminations. Dans tous les cas, la logique est la même : il faut séparer le bien du mal pour que le monde devienne parfait, je suis le bien puisque je veux que le monde devienne parfait, donc tous ceux qui ne sont pas d'accord avec moi sont le mal, donc la ligne qui sépare le bien du mal se confond avec celle qui délimite mon camp, et donc brûlons ceux d'en face puisqu'ils sont le mal. CQFD.

Comment expliquer cette incroyable persistance des logiques puritaines, dans une Amérique qui, depuis le XVII° siècle, a changé au moins quatre fois d'idéologie officielle ? Si, si, faites le compte, quatre mutations, pas moins : du puritanisme à la franc-maçonnerie, de là vers la religion civique de la *destinée manifeste*, de cette religion au culte du capitalisme, et enfin de ce culte vers le multiculturalisme. Quatre mutations idéologiques, et toujours les mêmes logiques.

Pour comprendre cette permanence puritaine, il faut remonter à la dimension *psychosociologique* de l'œuvre d'Arthur Miller.

Petit flash-back historique, pour commencer.

Savoir d'abord que le puritanisme n'est pas un protestantisme *normal*. Pour un calviniste européen, le puritanisme nord-américain est une anomalie. C'est une mutation de la religion calviniste, mutation qui se produisit au XVII° siècle en Hollande, puis (surtout), en Angleterre. En effet, si Calvin n'était pas précisément un rigolo, il s'inscrivait dans la tradition médiévale. On ne trouve pas trace chez lui de l'affirmation selon laquelle il faut que la cité terrestre *réalise* la Cité de Dieu. À ses yeux, le monde est maudit, et seul Dieu pourra lever la malédiction, à l'heure qu'Il décidera. Chez Calvin, il n'est pas question de hâter cette heure. On doit s'y préparer. Pas la hâter. *Grosse* nuance.

Pour que le calvinisme se transforme en puritanisme, et pour que le puritanisme invente l'hypothèse d'une rédemption intégrale *dans le monde*, il a fallu que la question religieuse soit mêlée aux querelles politiques, dans l'Angleterre des XVI° et XVII° siècles.

Le puritanisme anglais, cousin de son précurseur hollandais, est né de la persécution déclenchée par les catholiques sous le règne de Marie Tudor. Comme toute religion persécutée, le protestantisme anglais se radicalisa. Or, cette base radicalisée se confondait largement avec la petite bourgeoisie, et donc le puritanisme émergea progressivement comme le ciment unificateur d'une classe sociale *en pleine ascension*. Le spirituel passa au second plan, et l'objectif temporel prédomina : en gros, il s'agissait de faire main basse sur les biens de l'Église, et si possible sur l'État lui-même.

D'où la mutation idéologique : la religion puritaine cessa de comprendre la prédestination au sens de Calvin, et elle se transforma progressivement en une théologie de l'Election *collective et dans le monde* – la petite bourgeoisie anglaise, nouveau Peuple Elu. Cheveux courts en un temps où la mode était aux hippys, vêtements noirs à une époque où les hommes se paraient comme des paons, les puritains incarnaient jusque dans leur apparence physique une *fraction dissidente*. Progressivement, une éthique puritaine émergea, qu'on pourrait décrire comme une sorte de super-calvinisme – un « super-calvinisme », au demeurant, qui finit par retourner la prédication de Calvin contre elle-même.

Dès lors, les puritains étaient mûrs pour l'hystérie collective – avec une alternance de phases aigües et de périodes de rémission. Hystérie dont les ressorts n'ont rien de mystérieux : le puritain est l'homme qui se veut parfait, donc qui désire *une perfection qui l'opprime*. C'est le seul moyen d'incarner ce principe d'Election par lequel, enfin, le groupe persécuté devient dominateur. Le prix à payer est énorme : conflit entre le surmoi hypertrophié et le moi opprimé, névrose à tous les étages.

D'où, inéluctablement, l'omniprésence symbolique du phallus – l'image de ce qui opprime, *et que cependant l'on désire*.

Voilà exactement ce que raconte Arthur Miller. Les symptômes des « sorcières de Salem » sont caractéristiques de l'hystérie : catalepsie consécutive à la confrontation avec les pulsions non contrôlées (le Ça), crises nerveuses permettant d'extérioriser des états intérieurs non dicibles, hallucinations compensatoires des représentations intérieures que le psychique, en guerre avec lui-même, ne parvient plus à dessiner. Et ce n'est bien sûr pas un hasard si l'affaire commence chez les jeunes filles à marier : le rapport de la petite Abigail au phallus du sieur Proctor est caractéristique du besoin irrésistible de se soumettre à ce que l'on désire, et de désirer ce qui soumet.

Là où la pièce de Miller est vraiment intéressante, c'est qu'au-delà de cette analyse psychologique somme toute assez bateau, elle nous montre comment cette crise de l'esprit puritain débouche constamment sur des emballements *mimétiques* incontrôlables. Comme il n'existe aucune solution intérieure au conflit, il faut trouver une solution extérieure. L'autre doit être la cause de l'impureté, afin que la crise soit surmontée.

Ici, mon camarade, tu me permettras de résumer très succinctement la pensée du philosophe et théologien français René Girard, à qui j'emprunte sa théorie puisqu'elle est juste...

Cet *emballement mimétique* trouve son origine, en gros, dans le besoin d'avoir ce que l'autre a. Donc dans le besoin, tôt ou tard, d'être ce que l'autre est.

Le péché, si tu préfères.

Comme du coup, tout le monde veut être l'autre à la place de l'autre, il y a compétition entre les désirs rivaux, compétition qui ne peut trouver qu'un seul aboutissement : la désignation d'un bouc émissaire. Le gars qui ne joue pas le jeu. Celui qui se tient à l'écart. Celui qui, justement, ne désire pas être les autres à leur place. Et qui, donc, a ce que les autres désirent le plus : *une identité stable*.

René Girard, avec cette théorie du désir mimétique, n'a fait que conceptualiser un ensemble de mécanismes que Miller, dès le début des années 50, avait parfaitement exposé : quand les fillettes hystéros comprennent que leurs niaiseries magiques vont révéler à la communauté le désir de phallus qu'elles portent en elles, elles désignent des « sorcières » pour ne pas être elles-mêmes désignées. Et cette réaction spontanée reçoit l'appui des autorités religieuses, parce qu'elle répond à un besoin plus profond, celui de toute la communauté. C'est Salem tout entier qui a besoin de ce qui l'opprime, et ne peut ni admettre ce besoin, ni s'en libérer. C'est pourquoi il faut que meurent ceux qui, pour une raison ou pour une autre, peuvent être perçus comme représentatifs du désir inacceptable. La diabolisation de l'autre permet d'exorciser le Démon qu'on porte en soi.

Constat : le politiquement correct, c'est *l'idolâtrie sacrificielle.*

La fausse religion.

Tout ça est un peu compliqué, mon camarade, je sais. Mais ne t'inquiète pas : j'y reviendrai. À la fin du bouquin. Promis.

Actualité du propos ? Evidente, à condition de transposer.

Le politiquement correct contemporain est une manifestation de l'esprit puritain. Les Américains peuvent changer de conception de la perfection, *ils ne peuvent pas renoncer à leur désir de perfection.* Le puritanisme imprègne très profondément leurs mentalités, et en outre, chaque persécution déclenche mécaniquement l'émergence d'une conception rivale de la perfection, conception rivale *qui se calque implicitement sur le retournement de la conception précédente.* Les persécutés d'hier font les persécuteurs d'aujourd'hui, et ceux-ci fabriquent les persécuteurs de demain.

A partir de la fin des années 50, l'Amérique ségrégationniste devient la nouvelle figure du Mal, elle qui se voulait jusque là l'incarnation du Bien. La société américaine découvre soudain qu'elle est imparfaite, puisqu'elle opprime une fraction en son sein. Dès lors, l'esprit puritain commande qu'on rétablisse la perfection en opprimant l'oppresseur. Dans cette Amérique racialement inégalitaire et sexuellement violente, les victimes de l'inégalité et de la violence deviennent les Abigail d'une nouvelle chasse aux sorcières. Puisque l'Amérique est imparfaite et puisque cette imperfection est intolérable, il faut d'urgence désigner les « sorcières » responsables de l'échec collectif. La « sorcière » de la culture américaine « PC » sera donc le bénéficiaire de l'inégalité raciale, nommément le Blanc, et le coupable de la violence sexuelle, nommément le Mâle.

Fort logiquement, tous les ingrédients de l'hystérie puritaine sont réunis dans le « PC » des intellos américains. Cette idéologie fut conceptualisée dans les années 60, pour l'essentiel par des Blancs qui voulaient refonder leur perfection symbolique en se libérant du poids des préjugés raciaux (le péché, vois-tu, ça *s'expulse*). Les Noirs de l'époque n'eurent d'ailleurs que très peu voix au chapitre. L'antiracisme idéologisé fut très largement une invention des Blancs.

Reprends le scénario de Miller, mon camarade. Remplace Abigail par une féminazie intello, qui fantasme secrètement sur la grosse quéquette des mâles et dénie ce fantasme aussi vigoureusement qu'elle le subit. Substitue à l'image de la pauvre enfant possédée par Satan celle du pauvre Noir opprimé. Remplace l'image du Diable par celle du Blanc raciste hétérosexuel, et le compte y est : tu as retrouvé les structures de base du puritanisme, *dans un univers mental d'où la religion chrétienne est totalement absente*.

Pour dire les choses simplement, le « PC » contemporain, dans lequel nous barbotons depuis quelques décennies, dans notre colonie francophone du grand Empire anglophone, est un puritanisme d'après les puritains.

Résumé pour les ceusses
qui n'ont pas suivi

Pour le lecteur que ces considérations psychosociologico-littéraires un tantinet bordéliques ont déboussolé, faisons le point.

Nous avons choisi le théâtre comme point d'entrée dans l'analyse du politiquement correct parce que le politiquement correct, fondamentalement, obéit aux logiques de la *représentation*. C'est une dramaturgie, et c'est bien pourquoi le politiquement correct est un des thèmes préférés des dramaturges.

Ce que le génial Molière et l'excellent Arthur Miller nous ont appris, c'est que le politiquement correct n'est pas un discours faux, mais un discours vrai qui dissimule le faux. Grâce à ces bons auteurs, nous savons que ce type de discours *trompeur par vérité* obéit à un mélange de calcul (Tartuffe) et d'hystérie (Abigail, ou en plus feutré, Magdelon et Cathos). Nous avons compris également qu'il peut obéir à des logiques compensatoires (Jourdain et son Grand Turc), ou au contraire oppressives (le Puritain). Certes, selon les époques, ce discours *trompeur par vérité* a souvent changé de nom. Catholicisme dévot sous Louis XIV, qui dissimule l'avidité sous les dehors de la religion ; « manie » turque à la même époque, qui cache le malaise social derrière le voile commode d'un phénomène de mode ; préciosité, toujours au temps de Molière, qui permet à l'hystérie de la femme riche de se donner pour un raffinement ; ou encore chasse aux sorcières chez les puritains paraît-il chrétiens (?) du Massachusetts, qui se libèrent symboliquement de leurs péchés en accablant un bouc émissaire : il y en a pour tous les goûts, et le nom du phénomène n'a cessé de changer. Mais derrière cette diversité des formes et des prétextes, il y a toujours, j'insiste, ce principe unificateur du « politiquement correct » (nom actuel du phénomène) : une vérité *partielle*, pour travestir un mensonge *partial*.

*

Le phénomène est défini : reste à l'analyser au regard des enjeux d'actualité.

Pour cela, je propose à mon lecteur adoré de garder en mémoire les situations que Molière et Miller ont si magistralement mises en scène, pour rechercher leurs équivalents contemporains.

On peut, ce me semble, positionner toutes les manifestations du phénomène « PC » dans un espace à deux dimensions : en abscisse, nous placerons un axe qui va du très *calculateur* Tartuffe à la très *hystérique* Précieuse ; en ordonné, nous traçons la ligne qui court du très complexé Jourdain, pour qui le mensonge est un mécanisme *compensatoire*, au très décomplexé Puritain, pour qui c'est un moyen *d'oppression*.

D'où le tableau suivant :

Oppressif	La tartufferie	La chasse aux sorcières
Compensatoi re	La turquerie	La préciosité
	Calculate ur	Hystériq ue

Quatre types de « politiquement correct » émergent, et, ô miracle, nous retrouvons les quatre pièces de théâtre que nous venons d'étudier (quand même, ce bouquin est vachement bien construit, non ?).

En bref :

- La tartufferie résulte du calcul de Tartuffe (le maître du jeu), qui veut escroquer Orgon (la dupe) et opprime Valère (la victime) ;

- La turquerie résulte du calcul de Dorante (le maître du jeu), qui veut escroquer Jourdain (la dupe) et l'amène à opprimer Cléonte (la victime) ;

- La préciosité résulte de l'hystérie de Magdelon et Cathos (les maîtres du jeu), qui ont besoin de se sentir supérieure aux mâles (les valets déguisés en aristos, les dupes) et oppriment (symboliquement) La Grange et Du Croisy (les victimes) ;

- La chasse aux sorcières résulte de l'hystérie d'Abigail instrumentalisée par le Puritain (le maître du jeu), qui doit convaincre les autres qu'il peut les sauver (les villageois de Salem, les dupes), et en arrive à opprimer, et même à *buter*, John Proctor (la victime).

D'où il ressort que chacun des quatre types de politiquement correct a besoin, pour fonctionner, de trois personnages :

- le maître du jeu (celui qui énonce la vérité partielle pour cacher le mensonge partial),

- le dupe (celui qui croit à la vérité partielle, souvent parce qu'il participe du mensonge partial),

- la victime (celui qui souffre du mensonge partial).

Conclusion : si pour chaque type de politiquement correct d'aujourd'hui, nous localisons ces trois acteurs, alors nous comprendrons les mécanismes qui régissent souterrainement le « PC » qui nous étouffe. Donc, nous avons une *méthode d'analyse* : trouver le maître du jeu, la dupe et la victime (décidément, ce bouquin est bien construit).

On remarquera encore un autre truc intéressant : dans les quatre pièces que nous venons d'étudier, le politiquement correct est déjoué – mais de quatre manières différentes :

- Tartuffe est vaincu quand il est démasqué. Donc, la stratégie pour déjouer une tartufferie, c'est le *dévoilement*.

- Jourdain arrête d'opprimer Cléonte quand celui-ci, à son tour, le dupe à la manière de Dorante. Donc, la stratégie pour déjouer une turquerie, c'est le *travestissement*.

- Magdelon et Cathos se prennent la honte de leur vie quand le réel se venge, par l'intermédiaire de La Grange et Du Croisy. Donc, la stratégie pour déjouer une préciosité, c'est *l'épreuve des faits*.

- Le Puritain finit par pendre John Proctor, certes, mais cette pendaison provoque une prise de conscience chez les villageois de Salem (historiquement, l'affaire de Salem est à l'origine du recul du puritanisme au Massachusetts). Donc, la stratégie pour déjouer une chasse aux sorcières, c'est le *martyre*.

Conclusion : si nous arrivons à classer les « politiquement corrects » contemporains dans notre matrice à quatre cases, et si nous avons bien identifié les acteurs en présence, alors nous saurons quelle stratégie appliquer pour vaincre. Donc, nous avons une *méthode de résolution*.

Vraiment, je maintiens : mon petit bouquin est bien construit. Nous avons *l'arsenal méthodologique* qu'il faut pour avancer. Tu vois, mon camarade, je suis bordélique, mais pas tant que ça.

Ne reste plus qu'à analyser les « politiquement correct » de tous poils, dont on nous rebat les oreilles depuis trop longtemps.

Alors, en piste !

Où l'auteur met son lecteur en garde

Ah, non, attends, ô mon lecteur adoré !

Avant d'attaquer le « PC » contemporain, j'ai une mise en garde à formuler. Il faut que je te prévienne de quelque chose : nous devrons, pour conduire notre analyse, éviter de reproduire *terme à terme* les grilles du temps jadis. Notre politiquement correct du XXI° siècle ne fonctionne en effet pas *comme* les « PC » du temps jadis. Il présente deux caractéristiques qui le distinguent des vieux systèmes de dogmes contraignants.

En premier lieu, il n'est pas *unitaire*. En second lieu, il n'est pas *cohérent*.

Faut bien garder ça en tête.

Les anciens systèmes de dogmes étaient *unitaires*. Ils procédaient d'une source unique, et ramifiaient à partir de cette source selon une logique fondamentalement verticale et descendante. Verticale : chaque « point de dogme » découlait d'un point supra, lui-même rattaché par une chaîne de causalité au principe fondateur du dogme. Descendante : il était inconcevable qu'une adaptation des principes infra engendre une rectification des principes supra. Unitaires et descendants, ces systèmes restaient donc parfaitement *cohérents*.

C'était bête et méchant, mais il faut le reconnaître, ça avait de la gueule.

Exemples.

Prenons le catholicisme dévot à la Tartuffe. C'est une doctrine extrêmement soucieuse *d'unité*. Bien que des forces sociologiques complexes se combinent pour assurer son triomphe momentanée, cette doctrine n'en reste pas moins unitaire sur le plan théorique. Il existe une théologie sous-jacente au catholicisme dévot : c'est la théorie de la *Grâce suffisante,* version jésuite de Cour. Et il y a une cohérence interne très forte entre cette théorie et la doctrine pratique servant à la mobilisation des esprits. L'ensemble des représentations qui sont imposées aux individus pour saturer l'espace mental constitue un Tout cohérent : l'Église peut sauver n'importe quelle âme puisque toutes les âmes ont reçu la *Grâce suffisante*. Donc le Salut passe par la dévotion. C'est une escroquerie, car le « puisque » dissimule un petit détail : l'Église a été infiltrée par ses ennemis. Mais c'est une escroquerie vachement habile.

Ce système idéologique sous-jacent au règne de Tartuffe est, au XVII° siècle, un système *parfait*. Entre la théologie jésuitique et la dévotion à la Cour de Louis XIV, il n'existe aucune solution de continuité. Tout découle de ce principe de base : l'âme a reçu une Grâce suffisante, donc la dévotion permet d'atteindre au Salut. Le tour de passe-passe est dissimulé derrière l'unité supposée de l'Église. Et tout le jeu social découle des conséquences et conséquences des conséquences trouvant leur commune racine dans ce principe de base. La puissance de l'Église, la soumission de ses Fils, l'inscription de l'ensemble de la société dans un réseau de signes communs aux pouvoirs spirituel et temporel, tout est là. Ce n'est pas un hasard si une société d'Ordres en voie de sclérose choisit de réputer que le chemin vers le Salut passe par la Dévotion, donc par une attitude de soumission, et il est parfaitement logique que pour cautionner cette attitude religieuse, on bâtisse en surplomb d'elle une théologie jésuitique.

Prenons, à l'inverse, le protestantisme puritain des habitants de Salem. C'est là encore une doctrine très soucieuse d'unité – et comme la société qu'elle encadre est à plus d'un titre aux antipodes de la France de Louis XIV, la théologie dont elle s'inspire est l'exact contre-pied des conceptions jésuitiques. Exactement comme une société d'Ordres a besoin de la théologie de la Grâce suffisante pour justifier la soumission de ceux qu'elle encadre (soyez soumis et vous serez rachetés), une société de classes inégalitaire a besoin de la théologie de la *Grâce nécessaire* pour justifier l'enrichissement de ceux qu'elle favorise – et l'écrasement de ceux qu'elle ne favorise pas (si vous êtes pauvres, c'est de votre faute).

Vous pigez le truc ?

Dans une société qui s'organise autour de la compétition, le concept de Grâce nécessaire permet de rationaliser les processus d'exclusion. Dans une société qui s'organise autour de l'autorité, le concept de Grâce suffisante permet de justifier l'abus de pouvoir permanent. Ce n'est pas un hasard si, au XVII° siècle, les tenants de la société d'ordres sont catholiques, et les tenants de la société de classes protestants. Il y a, dans les deux cas, isomorphie entre représentation théologique et conception sociologique.

Et donc, comme je vous disais, tout ça, c'est méchant, c'est bête, mais ça a de la gueule. Il y a une logique, une unité, une cohérence. Ce n'est pas *n'importe quoi*.

*

Revenons à nos moutons (noirs).

Le « PC » contemporain, en revanche, c'est souvent n'importe quoi. Ce « truc » n'a besoin, pour fonctionner, ni d'unité, ni de cohérence.

Essayons de comprendre pourquoi.

Je demande à mon cher lecteur adoré de marquer un temps d'arrêt, car nous arrivons à un *passage difficile*, et nous allons être obligés de faire un peu de *théorie*. Mordez attentivement la courbure et ne ratez pas le virage, cher ami. Nous allons maintenant comprendre ce qui distingue le « PC » contemporain de tous ses devanciers – et ce faisant, nous apprendrons aussi à reconnaître, dans sa structure interne, le décalque inversé des structures entraperçues précédemment, s'agissant des bonnes vieilles idéologies du temps jadis.

Le « PC » contemporain n'est pas un programme, parce qu'il n'est pas un discours réduit au déroulé prédéfini des conséquences d'une pétition de principe fondatrice. C'est un *anti-discours*, construit par la réverbération d'une parole initiale *incohérente*, qui n'affirme rien, mais *qui nie tout*. Si l'on définit le discours comme l'expression de la pensée, le politiquement correct qu'on nous cause peut au contraire être défini comme l'absence d'expression de la pensée, une absence cautionnée par l'affirmation implicite que la pensée non dite est vraie, qui sous-tend l'absence de tout argumentaire explicite. Le « PC » contemporain existe non comme discours préemptant la pensée, mais comme réseau d'attitudes, de codes signifiants et signifiés *à la fois*, qui délimitent toujours, de manière plus ou moins avouée, le camp de ceux qui sont « in » du camp de ceux qui sont « out » – sans même qu'on ait jamais besoin de savoir à l'intérieur *de quoi* se trouvent ceux qui sont « in », ou *de quoi* sont rejetés ceux qui sont « out ». En l'occurrence, le signifiant *produit* le signifié.

Ainsi, le « PC » contemporain n'a pas besoin de substance pour *être*. Il est structuré par l'opposition entre le « in » et le « out », entre « ce qu'il faut penser » et « ce qu'il ne faut pas penser ». Il est construit par le bas, par l'addition de ces oppositions entre signifiants positifs/négatifs, oppositions qui très souvent forment le seul signifié réel derrière le réseau des signifiants. Etre « PC », ce n'est pas affirmer une thèse, c'est se référer au réseau de signifiants qui délimitent l'opposition *à ce qui n'est pas « PC »*.

Conséquence : il n'y a pas de « théologie » du « PC » contemporain. Aucune *théorie de la Grâce* ne le soutient. Au contraire : ce qui lui confère une existence, alors qu'il n'a pas d'essence, c'est le refus de toute théorie de la Grâce – c'est, pour aller au fond des choses, *l'idée que la Grâce est inutile*.

Tu me demanderas : comment en est-on arrivé là ?

Eh bien, si la *Grâce* est absente du « PC » contemporain, c'est parce qu'elle l'est tout autant de nos *esprits*. La grande différence entre l'Orgon contemporain et l'Orgon du temps de Molière, c'est le passage d'une conception religieuse des enjeux personnels à une conception purement *thérapeutique*.

Orgon veut le Salut. Son trip, c'est : je vais aller au Paradis après ma mort. Jourdain, sur un plan différent, transpose cette représentation dans le domaine social : son truc à lui, c'est de devenir un gentilhomme – c'est-à-dire, dans son système de représentation fantasmatique, toucher au Paradis social, le monde des aristos. L'objectif, dans tous les cas, est de réussir une *épreuve*.

Les clients contemporains du « PC » ne fonctionnent plus de la même manière. Le concept religieux du Salut s'est progressivement effacé, et même celui de réussite sociale, qui était le produit de sa sécularisation, a tendance à passer au second plan. L'homme occidental du XXI° siècle débutant ne recherche ni le Salut (en général, il n'a sur l'Au-delà que des conceptions très inabouties), ni même la Réussite (même s'il ne crache pas dessus). Individu narcissique incapable de s'inscrire dans une filiation (parents soixante-huitards, idéologie consumériste de l'instantanéité et de l'immédiateté), incapable par conséquent de se projeter dans l'avenir, le seul objectif qui lui paraisse *sensé*, c'est le *bien-être*. Il se peut qu'il affecte la poursuite d'une quête spirituelle (OTS, Raël, Moon, voire catholicisme social pour les plus ringards), mais si l'on creuse un peu, on se rendra vite compte que ce qu'il attend en réalité de cette quête apparemment spirituelle, c'est la rémission non de ses péchés, mais de ses souffrances.

Ne pas souffrir : objectif principal de nos contemporains. Même les plus ambitieux, les plus arrivistes, ne recherchent pas l'argent pour l'argent (signe de la prédestination chez les puritains) ou le pouvoir pour le pouvoir (outil de la réforme des âmes chez les dévots) : ce qu'ils veulent, à travers l'argent ou le pouvoir, c'est la *jouissance*. Jouir : objectif secondaire, de ceux qui ont dépassé (toujours temporairement d'ailleurs) le stade du « ne pas souffrir ».

Voilà pourquoi le « PC » contemporain n'a plus à se soucier de cohérence, et donc voilà pourquoi il n'est plus unitaire. Pour conserver l'indispensable isomorphie entre le dogmatisme ambiant et l'ambiance du dogmatisme, il a fallu inventer un nouveau type de discours oppressif : un anti-discours, pour un temps où ce que les gens achètent, ce n'est plus le Salut, ni même le Succès, mais tout simplement *l'absence du conflit.* C'est précisément en ne se référant à aucune clef de voûte idéologique stable que le « PC » contemporain entre en résonance avec le mode de fonctionnement privilégié par nos sociétés exténuées. Dans un monde où il n'y a plus rien à dire, plus rien à prouver, plus rien à désirer même, hormis la satisfaction triviale, le discours « PC » est celui qui, en permettant d'évacuer toute interrogation sur les finalités, libère le maximum d'espace social, intellectuel et politique à la quête du non-conflit, et donc de la non-souffrance.

Il y a, aujourd'hui comme hier, isomorphie entre représentation sociale et référent théologique, mais comme le jeu social a réduit sa représentation à l'abolition du conflit, le référent « théologique » repose *sur l'abolition du discours « théologique ».* La substance profonde du « PC » contemporain, c'est de nier toute substance, y compris la sienne. C'est un discours qui permet de ne pas exprimer la pensée.

*

Cette rapide incursion sur les territoires arides de la théorie, ami lecteur, pour te faire remarquer que nous ne devons pas rechercher, dans le « PC » contemporain, des Tartuffe, des Dorante, des Magdelon ou des Puritains en tout points conformes à leurs modèles historiques. Les temps ont changé. Notre dogmatisme ambiant est mou, malléable en tout cas. Ceux qui l'utilisent peuvent à tout moment en tripatouiller la substance pour en modifier la forme. Il faut donc nous attendre à croiser des Tartuffe antiracistes à géométrie variable, des Dorante économistes multimodaux, des Magdelon féministes en kit recomposable selon les circonstances, et même, paradoxe suprême, des Puritains prêchant l'impureté comme nouvelle forme de la pureté. Rien n'a changé sur les enchaînements sociologiques sous-jacents au dogmatisme socialement recommandé, mais tout a changé dans la manière dont ce dogmatisme se construit en amont et en aval des processus sociaux qui le rendent nécessaire. Nous ne sommes pas au bout de nos surprises.

Nous allons rencontrer de drôle de bestioles, et pas ragoûtantes, j'aime autant te prévenir, mon camarade.

Les Tartuffe antiracistes que nous côtoierons n'hésiteront pas du tout à nous dire, au lendemain d'une vague d'émeutes soulevant nos belles banlieues :

a) que c'est social,

b) qu'il nous faut de la discrimination positive pour régler le problème.

Et si nous leur faisons observer que c'est absurde (si c'est social, alors il ne s'agit pas de faire de la discrimination positive, réponse à un problème ethnoracial)… eh bien, ils ne nous répondront *rien*.

Ils ne nous répondront rien, parce qu'ils n'auront pas *besoin* de nous répondre. C'est que leur propos ne vise nullement à la cohérence, et ne procède d'aucune unité. Il se trouve simplement que le discours (ou plutôt l'anti-discours) qui minimise le conflit consiste à dire que le problème est social (surtout, ne pas parler de la question ethnoraciale), tandis que l'arsenal de mesures qui permet de fâcher le moins de gens possible consiste à établir une discrimination positive (qui ne coûte rien au patronat, à la différence de vraies mesures sociales). Donc voilà, n'est-ce pas : on dit une chose et son contraire, mais comme cela permet de minimiser le conflit, donc la souffrance, eh bien ça passe.

Notre Orgon narcissique et maniaco-dépressif achète cette tambouille thérapeutique à son Tartuffe, parce que cette tambouille est ce qu'il désire : l'absence de conflit. Et nos arguments logiques ? Eh bien, tout le monde s'en tamponne !

Semblablement, les Dorante économiques qui jouent avec les nerfs de notre classe moyenne de Monsieur Jourdain produits en grande série ne s'embarrasseront *jamais* d'un quelconque souci de cohérence. Ils expliqueront en phase d'expansion qu'il faut privatiser tout ce qui rapporte – et en phase de récession, ils exigeront qu'on renationalise tout ce qui coûte. Et ce discours, ou plutôt cet anti-discours, passera comme une lettre à la poste. Pourquoi ? Tout simplement parce qu'à chaque étape, monsieur Jourdain verra qu'en écoutant son Dorante économiste, il minimise le conflit, et il continue à roupiller dans la bienheureuse ignorance d'une guerre de classes qu'on lui fait, mais qu'il ne veut pas voir.

Il faut nous habituer à cet aveuglement des dupes, extraordinaire à première vue, et à cette incohérence assumée des escrocs : c'est le trait distinctif du « PC » contemporain, sa marque de fabrique – ce qui, en quelque sorte, lui donne une saveur particulière. Le roi est nu, tout le monde le sait, mais pour ne surtout pas interrompre la pièce, tout le monde affecte de l'ignorer.

Nous verrons encore des hordes de Précieuses féministes qui réclameront à la fois l'abolition des sexes et la reconnaissance de la féminité (?!!!), et puis des Puritains improbables, capables de lancer une « chasse aux sorcières » au nom de la lutte contre le négationnisme tout en cautionnant eux-mêmes, et sans vergogne, les pires négationnismes. Et nous comprendrons progressivement comment cet incroyable empilement de contradictions internes tient non pas *malgré* son caractère contradictoire, mais *grâce à* ses aberrations manifestes.

Il faut bien le dire, mon lecteur, mon frère : notre époque est caractérisée par un niveau absolument inédit de lâcheté, de laideur et de médiocrité. Je te préviens, mon ami : le « PC » contemporain, que nous allons maintenant analyser, est beaucoup, beaucoup plus moche que le phénomène décrit par Molière ou Miller, s'agissant des dogmatismes du temps jadis. C'est l'inquisition, la Foi en moins. Ça prononce des sentences de mort, et ça ne s'entoure même pas de majesté. C'est juste moche.

Voilà, ô lecteur, mon ami, avec cela, j'en ai fini de ma mise en garde.

Ne va pas dire que je ne t'avais pas prévenu, quand mon bouquin te donnera des envies de meurtres.

Et à présent, et cette fois c'est pour de bon : en piste !

Où l'auteur se suicide en direct

« Allô, le Retour aux Sources ? »

« Bonjour, » me répond la douce voix de Marilyn, la standardiste de mon génial éditeur.

Ah yaï, Marilyn !

C'est une bimbo magnifique, avec un visage tu dirais Nicole Kidman en mieux, et un corps on dira Charlize Theron en plus sportive. Son travail, chez l'éditeur de mon cœur, c'est de répondre au téléphone et de se manucurer toute la journée à l'accueil. Signe extérieur de succès, voilà son taf – et elle le mérite !

Histoire de faire comprendre aux auteurs les avantages fabuleux qu'ils retireront d'une publication dans une maison si dynamique, et qui comprend si bien les besoins de l'artiste, on l'exhibe à tout va, mademoiselle M.

Bref, j'arrête de fantasmer sur Marilyn, et je détripe : « Bonjour, c'est Paulo. Comment va ? Toujours partante pour un rancart ? Bon, bref, boulot boulot, je sais... Je pourrais parler au boss ? »

« Tout de suite m'sieur Paul, » me répond Marilyn, dont la douce voix toujours m'enchante.

Le boss au bout du fil. C'est un grand type mince, élégant, toujours à vous offrir un cigare, genre Havane super bagouse et tout et tout. Depuis que la boîte a percé, il a remplacé sa vieille Porsche par une Ferrari flambant neuve, alors forcément, il a ses auteurs à la bonne.

« Salut Paulo ? », qu'il me fait. « Alors, quel best-seller tu nous mijotes ? Hein ? Ha, tu sais que je t'aime bien, toi. C'est que tu vends. Du cul, de l'action, du rock n'roll, avec toi, le public en a pour son argent ! Alors, tu nous prépares quoi ? »

Je prends mon élan, et je lâche, d'un coup d'un seul, tel le Garde Suisse qui lâche un vent malencontreux en pleine bénédiction urbi et orbi, pile dans le dos du Pape : « Un texte sur la loi Gayssot, les chambres à gaz, tout ça. »

Suit un silence d'au moins trente secondes.

Puis la voix du boss.

Froide, métallique, impersonnelle.

« Écoutez monsieur, je ne sais pas qui vous êtes, je ne vous ai jamais rencontré, c'est une erreur. Vérifiez le numéro appelé, s'il vous plaît. »

Clic.

On a raccroché.

C'est bien ce que je pensais.

Ah là là là là, comme disait le clown triste, *les enfants !...*

J'imagine, avec un mélange d'amusement et de tristesse, les grosses gouttes de sueur qui, je n'en doute pas, percent au front des mes petits camarades de publication. J'entends d'ici leur pourtant muette supplication : « Non, Paul, Paulo boy, pitié. N'en parle pas. Parle de tout. Dis des gros mots. Raconte comment tu fantasmes sur le soir inéluctable où tu violeras la secrétaire de ton boss. Mieux : viole-la, on te pardonne d'avance. Pas de problème. Tout ce que tu veux, mais s'il te plaît, par pitié, nous avons des enfants, nous ne voulons pas aller en prison, nous ne voulons pas d'ennui avec la LICRA, le MRAP, la HALDE, Fouquier-Tinville et Bernardo Gui réunis. Pitié, *ne parle pas des chambres à gaz sur notre site* !!! »

Eh oui, c'est ainsi : même parmi les purs, la crainte existe, et les nuques se courbent, et les fronts s'inclinent, jusqu'à toucher terre.

Et pourtant, il faut bien que j'en parle. Soyons sérieux : on ne peut pas disserter valablement sur le *Politiquement Correct* si, pour commencer, on n'a pas déconstruit son totem principal.

La « Shoah ».

La loi Gayssot, donc.

Et par extension, tout ce qui concerne la question ô combien sensible de la Seconde Guerre Mondiale et des saloperies de l'oncle Adolf.

Parlons-en.

*

En toute sincérité, l'argumentaire des « révisionnistes », s'il peut recouper quelques éléments de vérité s'agissant des points de détail du processus d'extermination, ne tient pas la route quant à la question principale, à savoir la réalité de ce projet en lui-même.

Rappelons que Dodolf lui-même s'était dévoué par anticipation pour éclaircir le débat, et donc cédons-lui la parole, puisqu'il est, après tout, le Témoin Numéro Un.

Adolf Hitler, discours du 30 janvier 1939 (source : Coordination Intercommunautaire contre l'Antisémitisme et la Diffamation – une source inattendue dans cet ouvrage, mais difficilement contestable par ceux que ce bouquin dérangera).

« ... *En ce qui concerne la question juive, je dois dire la chose suivante : c'est un spectacle honteux que de voir la façon dont le monde démocratique dans son ensemble suinte de sympathie pour le pauvre peuple juif souffrant, mais demeure sans cœur et inflexible lorsqu'il s'agit de les aider – ce qui est certainement, d'après son point de vue, un devoir patent. Les prétextes avancés pour ne pas les aider parlent en fait en notre faveur à nous, Allemands et Italiens. Car voici ce qu'ils disent :*

1. "Nous", les démocraties, "ne sommes pas en situation d'accueillir les Juifs". Pourtant, dans ces empires, il n'y a même pas 10 habitants au kilomètre carré. Alors que l'Allemagne, avec ses 135 habitants par kilomètre carré, est censée avoir de la place pour eux !

2. Ils nous affirment : Nous ne pouvons les prendre à moins que l'Allemagne ne soit prête à autoriser les immigrants à emporter un certain capital.

Depuis des centaines d'années, l'Allemagne a été assez bonne pour recevoir ces éléments, bien qu'ils ne possèdent rien d'autre que des maladies infectieuses politiques et physiques. [...] Aujourd'hui nous payons tout simplement ce peuple comme il le mérite. Lorsque la nation allemande fut, grâce à l'inflation, provoquée et menée par les Juifs, dépouillée de toutes les économies qu'elle avait amassées pendant des années de travail honnête, lorsque le reste du monde retirait de la nation allemande les investissements étrangers, lorsque nous avons été dépouillés de l'ensemble de nos possessions coloniales, ces considérations philanthropiques pesaient évidemment bien peu pour les hommes d'État des démocraties.

Aujourd'hui, je peux seulement assurer ces Messieurs que, grâce à l'éducation brutale que les démocraties nous ont prodiguée pendant quinze ans, nous sommes totalement à l'abri de toute agression de sensiblerie. Après que plus de huit cent mille enfants de la nation soient morts de faim et de sous-alimentation à la fin de la guerre, nous avons été témoins du fait que près d'un million de têtes de vaches laitières nous ont été enlevées en vertu des cruels paragraphes d'un diktat que les apôtres de l'humanité et de la démocratie dans le monde nous ont imposé en guise de traité de paix. [...]

Nous avons des centaines de milliers d'enfants de paysans et des classes laborieuses très intelligents. Nous devons les éduquer – en fait nous avons déjà commencé – et nous souhaitons qu'un jour, eux et non les représentants d'une race étrangère, puisse occuper les positions dominantes de l'État en même temps que nos classes éduquées. Et surtout, la culture allemande, comme en témoigne son nom seul, est allemande et non juive, et c'est pourquoi sa direction et sa gestion seront confiées à des membres de notre nation. Si le reste du monde crie d'un air hypocrite contre cette expulsion barbare d'Allemagne d'un élément irremplaçable et de haute valeur culturelle, nous pouvons seulement nous étonner des conclusions qu'ils ont tirées de cette situation. Car ils devraient être ô combien reconnaissants que nous ayons libéré ces précieux apôtres de la culture, et les ayons mis à la disposition du reste du monde. Selon leurs propres déclarations, ils ne pourraient trouver la moindre raison, la moindre excuse pour refuser d'accueillir dans leur pays cette race de haute valeur. Je ne vois pas non plus de raison pour que les membres de cette race soient imposés à la nation allemande, alors qu'aux États-Unis, qui sont si enthousiasmés par ces 'gens merveilleux', on leur refuserait soudain de s'installer sous quelque excuse imaginable. Je pense que, plus tôt ce problème sera résolu et mieux cela vaudra : car l'Europe ne peut se stabiliser tant que la question juive n'est pas résolue. Il est tout à fait possible qu'à plus ou moins longue échéance, on arrive à un accord sur le problème en Europe, même entre ces nations – qui autrement, ne se seraient pas entendues si facilement.

Le monde a suffisamment d'espace pour des implantations, mais nous devons nous débarrasser une fois pour toutes de l'opinion que la race juive n'a été créée par Dieu que pour qu'un certain pourcentage vive en parasite sur le corps et sur le travail productif d'autres nations. La race juive devra s'adapter pour fonder une activité constructive comme les autres nations ou tôt ou tard, elle succombera à une crise d'une ampleur inimaginable.

Il y a encore une chose que j'aimerais dire en ce jour, qui peut-être sera un jour mémorable pour tous et pas *seulement pour nous Allemands : dans ma vie, j'ai souvent été prophète et on s'est moqué de moi pour cela. À l'époque de ma lutte pour le pouvoir, c'était d'abord la race juive qui accueillait mes prophéties par des rires, quand je disais qu'un jour je prendrai la direction de l'État et celle de toute la nation, et qu'entre autres, je réglerai le problème juif. Leur rire était tonitruant, mais je pense que depuis quelque temps, leur rire s'étrangle dans leur gorge. Aujourd'hui, je serai encore une fois prophète : si les financiers juifs internationaux en Europe et au dehors réussissent une fois de plus à plonger les nations dans une guerre mondiale, alors, il en résultera, non pas une bolchevisation du globe, et donc la victoire de la Juiverie, **mais l'annihilation de la race juive en Europe !** »*

Donc, si je résume la dodolferie, c'est très clair :

1. Les Allemands sont opprimés par les puissances cosmopolites et, plus précisément, la Haute Finance internationale (dont le bolchevisme est l'allié de revers contre les peuples).

2. Par un tour de passe-passe à peine dissimulé, on répute que « les Juifs » sont le support biologique du cosmopolitisme, donc de la Haute Finance et du bolchevisme réunis, en s'appuyant sur le fait que *certains* Juifs constituent un noyau important des milieux liés à la Haute Finance ou au parti bolchevik, directement ou indirectement.

3. Il faut donc expulser *tous les Juifs* d'Allemagne pour « nettoyer » la nation germanique de ces « bacilles »,

4. Et si l'étranger ne veut pas les recevoir sans dédommagement, et nous colle une guerre sur les bras, on réglera le problème par l'annihilation (comprendre :

l'anéantissement, l'extermination – quelques rigolmen argumenteront qu'Hitler ne voulait pas dire ce qu'il a dit, mais voilà, il l'a dit, point final : quand on parle d'anéantissement, « *Vernichtung der jüdischen Rasse* », on parle d'anéantissement).

À partir de là, nous sommes fixés.

On voit très bien *quelle* critique de l'Histoire officielle de la Seconde Guerre Mondiale a un sens, et quelle autre critique *n'a pas de sens*.

Aurait un sens le travail de *révision historique* consistant à s'interroger sur les *motivations* du crime concentrationnaire. On prend le discours de Dodolf, et on voit très bien que sa haine antisémite démente a une *cause :* la politique de la Haute Banque à l'égard de l'Allemagne, pendant et après la Première Guerre Mondiale, et le détournement de cette haine sur un *Bouc Emissaire*. D'où la question qui mériterait révision historique, s'agissant de l'histoire du nazisme : dans quelle mesure Hitler fut-il une stratégie de la Haute Finance pour détourner la colère populaire sur les ghettos juifs ? Hem, voilà une question qu'elle serait bonne à poser.

N'a guère *d'enjeu*, en revanche, le travail de révision entrepris par les révisionnistes qui contestent la *réalité* du projet d'extermination.

Et pour ceux que le discours de Hitler ne convainc pas de la réalité du projet d'extermination, il resterait toujours la possibilité de solliciter le témoin numéro 2, j'ai nommé le très direct Reichsführer Himmler, lequel déclara, à Posen, le 4 octobre 1943, lors d'un discours devant les cadres SS :

« Je me réfère à présent à l'évacuation des juifs, à l'extermination du peuple juif. C'est une des choses qu'il est aisé d'exprimer : "Le peuple juif est en train d'être exterminé," déclare chaque membre du Parti, "Effectivement, c'est une partie de nos plans, l'élimination des juifs, l'extermination, nous l'accomplissons... peuh ! Une bricole ! Et puis ils viennent, 80 millions de braves Allemands, et chacun a son « bon » Juif. Evidemment, les autres, ce sont des porcs, mais celui-là, c'est un Juif de première qualité. Pas un d'eux n'a vu [les cadavres], pas un n'était sur place. La plupart d'entre vous savent ce que c'est que de voir un monceau de cent cadavres, ou de cinq cents, ou de mille. Etre passés par là, et en même temps, sous réserve des exceptions dues à la faiblesse humaine, être restés corrects, voilà ce qui nous a endurcis. C'est là une page de gloire de notre histoire, une page non écrite et qui ne sera jamais écrite. »

Voilà qui a le mérite de la clarté.

Donc, moralité, mon camarade : peu importe qu'il y ait eu ou pas des chambres à gaz à Auschwitz. Ce qui est clair, c'est qu'on y envoyait des mecs pour les repasser. On les a peut-être fait crever de faim, d'une balle dans la nuque, dans la chambre à gaz, ou bien en les forçant à apprendre « Mein Krampf » par cœur, mais en tout cas, on les a repassés, et c'était fait exprès. Point final. On aurait dû en rester là, et laissez les révisos réviser, puisque de toute façon, l'essentiel de l'affaire, on le connaissait.

Au lieu de ça, on a multiplié les lois pour verrouiller le débat – jusqu'à ce que la question soit radicalement *hystérisée.*

Étrange, non ?

*

Alors essayons de comprendre. Comment en est-on arrivé là ?

La révélation des crimes hitlériens a joué un rôle important dans la décision internationale de 1948 autorisant la naissance de l'État d'Israël, mais jusqu'au milieu des années 60, si les horreurs du système concentrationnaire nazi sont connues et reconnues (tribunal de Nuremberg), elles agitent assez peu l'opinion européenne. L'Europe, jusqu'en 65, ne veut *qu'oublier*. Le traumatisme a été tel que la moindre évocation de la guerre déclenche des mécanismes mentaux de dénégation. Un peu comme dans le Cambodge post-Khmers Rouges, où il est longtemps resté impossible d'évoquer Pol Pot et ses exploits – tabou national, tout le monde est au courant, mais tout le monde la boucle.

Pendant les vingt ans qui suivent l'immense catastrophe, donc, personne n'ose la ramener trop franchement avec *sa* souffrance – quand tout le monde ou presque en a pris plein la gueule, personne ne peut jouer les martyrs. Puis, à partir du milieu des années 60, le souvenir des persécutions hitlériennes commence à devenir *dicible*.

Pour deux raisons.

La première est purement générationnelle : arrive à l'âge adulte le baby-boom, première génération qui n'a pas connu la Seconde Guerre Mondiale. Or, ceux qui n'ont pas connu une époque ont tendance à en chercher les emblèmes, les signes distinctifs, pour se donner *l'illusion* de la connaître. Ce mécanisme, qui est d'ailleurs très souvent à la base des argumentaires du politiquement correct, est *l'effet de loupe*, combiné à la figure de *l'amalgame*. Je prends un détail, je le regarde sous un angle soigneusement étudié, j'oublie tout le reste, puis j'élargis artificiellement le champ du détail pour tout ramener à lui.

La deuxième raison est culturelle : aux États-Unis, la dénonciation des crimes nazis devient un des thèmes porteurs de la contre-culture de gauche, et cette contre-culture franchit l'Atlantique à la vitesse des ondes radios (cf. ce que je disais précédemment, à propos des logiques puritaines de l'Amérique « libérale »).

Arrive l'année 1968. La France est balayée, comme le reste de l'Europe, par un mouvement de contestation étudiante, puis sociale. En pointe de ce mouvement : un certain Daniel Cohn-Bendit, un étudiant juif allemand.

À priori, qu'il soit d'origine juive n'a aucune importance. Mais, problème : un des slogans repris par les étudiants souligne la judéité de leur meneur – « Nous sommes tous des Juifs allemands » (en soutien à Cohn-Bendit interdit de rentrer en France).

Ce slogan marque une rupture très importante dans le rapport de la France à la judéité. C'est la première fois que dans notre pays, la judéité est présentée comme un facteur positif, valorisant, politiquement *bénéfique*. Jusque-là, les hommes politiques juifs avaient plutôt tendance à souligner que leur judéité ne prédéterminait pas leurs actes publics, qu'elle n'était pas une catégorie d'ordre politique – l'argument contraire était plutôt le fait des antisémites. À partir de 1968, on dirait que pro et antisémites ont échangé leurs discours respectifs. Pourquoi ? Pourquoi, soudain, nous joue-t-on la même pièce, mais *à l'envers* ?

Eh bien, tout simplement parce que le « Nous sommes tous des Juifs allemands » est une *préciosité*.

Exactement comme la Précieuse de Molière a besoin de se cacher derrière le paravent d'un monde fictif pour ne pas voir son véritable positionnement social (fille à marier, donc être aliéné *souhaitant* son aliénation), les enfants de la petite et moyenne bourgeoisie, en 1968, se dissimulèrent leur véritable positionnement historico-sociologique derrière l'argument obscène d'une judéité fantasmée (pour la plupart d'entre eux).

Positionnement historico-sociologique de cette génération qui, reconnaissons-le, était exceptionnellement lourd à porter :

- Première génération à avoir grandi dans l'univers consumériste (les baby-boomers atteignent la puberté au moment où la publicité commence à modeler les mœurs), les enfants du baby-boom incarnent le basculement de l'Europe occidentale de la barbarie vers la décadence. Enfermés dans l'individualisme promu à partir des années 50 par la propagande américaine et ses innombrables soutiens et vecteurs (radios, presse, cinéma, mouvements de mode), ils sont beaucoup trop préoccupés d'eux-mêmes (narcissisme adolescent prolongé) pour adhérer à une idéologie révolutionnaire quelle qu'elle soit. Leur faux maoïsme est un masque, qu'ils arborent pour ne pas voir qu'ils sont, précisément, tout sauf des gardes rouges. Leur fausse révolution, qui n'exaltera jamais que le droit du bourgeois à jouir des fruits du capitalisme, est d'abord un moyen pour eux de mimer la vraie révolution, afin de se dissimuler à eux-mêmes qu'ils ne la veulent pas, et ne la voudront jamais.

- Issus pour beaucoup d'entre eux de la petite bourgeoisie (peu de fils d'ouvrier parmi les étudiants de mai 68), ils ont grandi dans ce « monde des cadres » que la France post-1945 a progressivement inventé, au fil des années 50 et 60, avec le culte du « standing ». Ce sont donc, pour dire les choses simplement, les enfants des profiteurs du nouveau régime imposé par l'Occupant américain. Profiteurs certes moins répugnants que ceux des années 40, puisque servant un maître bien moins brutal que les nazis – mais profiteurs quand même. C'est précisément pour ne pas voir ce qu'ils sont – des « jeunes filles », entretenues par le Capital dont ils sont les relais volontaires et obligés tout à la fois – qu'ils vont entreprendre de s'identifier symboliquement aux victimes du temps – Vietnamiens bombardés par l'Oncle Sam, ouvriers happés par le « métro-boulot-dodo », et enfin, *last but not least*, LA victime par excellence : le Juif allemand déporté.

Cette préciosité de la génération qui n'a pas souffert, et veut se le cacher, va servir de toile de fond à un mouvement *d'instrumentalisation* de plus en plus net, de plus en plus obscène, qui se déploie progressivement dans le cours des années 70/80/90. Il faut être très clair : si l'on ne peut qu'éprouver un immense respect pour les souffrances réelles de ceux qui subirent dans leur chair le poids des persécutions nazies, il est difficile de ne pas éprouver un certain mépris pour la génération qui se réclama de leur héritage, précisément pour ne pas voir qu'elle en trahissait l'enseignement.

Voyons cela de plus près.

Sur la préciosité des baby-boomers « tous Juifs allemands » se greffent, au fil des années 70, deux stratégies d'instrumentalisation rivales, et aussi dégueulasses l'une que l'autre – et qui sont, et l'une, et l'autre, deux *tartufferies* bien caractérisées.

La première, bien connue, est le *communautarisme victimaire*. Embrayant sur la revendication légitime des survivants du massacre (que le souvenir soit perpétué) et ayant constaté l'impact considérable de l'image du « Juif à l'étoile jaune » sur la génération précieuse des baby-boomers, certains milieux sionistes vont faire de la « Shoah » une rente de situation : puisque « les Juifs » (tout supposé homogène, figure de l'amalgame) ont souffert pendant la Seconde Guerre Mondiale (effet de loupe), il est légitime qu'aujourd'hui ils se défendent avec une vigueur toute particulière – et donc la politique étrangère israélienne est justifiée jusque dans ses abus post-1967, tout comme est justifiée, en France, le renforcement d'un communautarisme juif *fermé*.

Il y a là une malhonnêteté évidente : d'abord on ne voit pas pourquoi les Palestiniens devraient faire les frais des saloperies d'Hitler ; ensuite de toute manière, il n'est pas anodin de noter que les mouvements sionistes entretinrent longtemps des relations presque cordiales avec le parti nazi (ils partageaient au fond un objectif commun : « *La race juive devra s'adapter pour fonder une activité constructive comme les autres nations* », comme disait l'autre). Il est donc assez croustillant de voir les sionistes se réclamer de l'héritage symbolique des victimes de la « Shoah », sachant ce qu'on sait sur leur positionnement de l'époque.

En fait, il n'est pas très difficile de deviner que ces sionistes hitléro-compatibles des années 30 ne sont pas devenus, en 1970, les amis désintéressés du monde juif européen. Leur instrumentalisation du souvenir du génocide est une belle *tartufferie* : et d'ailleurs, si on leur parle de l'attitude d'Israël à l'égard des Palestiniens, ils répondent, à la manière de Tartuffe, « cachez cette oppression que je ne saurais voir ! » – voilà de quoi il s'agit, en réalité.

À cette première stratégie d'instrumentalisation, qui est le fait des milieux sionistes et de leurs pseudopodes en France dans la soi-disant « communauté juive », répond une contre-attaque venue des milieux de gauche palestinophile : le « révisionnisme ». Il s'agit de contrecarrer la tartufferie sioniste en se réclamant de l'exactitude historique. Le problème, en l'occurrence, c'est que l'angle d'attaque est malsain. Au lieu de dénoncer la tartufferie des rentiers victimaires, les révisionnistes choisissent de contester des faits historiques *avérés* en zoomant sur un point de détail (effet de loupe).

Pourquoi cet angle malsain ?

Eh bien tout simplement parce qu'en dénonçant l'exhibition sioniste, les « révisos », en bons Tartuffe (eux aussi !), veulent surtout éviter qu'on voie trop clairement leur véritable motivation. Je n'ai ni la place ni le goût d'étaler ici une exégèse approfondie des textes issus de la mouvance dite « révisionniste », mais croyez-moi (ou allez vous renseigner par vous-même) : il est clair qu'une très grande partie de ces textes émanent de gens pour qui le combat principal n'est pas la dénonciation des « mythes fondateurs de la politique israélienne », mais bien la critique obsessionnelle de « l'influence juive ». Derrière l'antisionisme : l'ensemble de peurs et de préjugés fondateurs au moins de l'antijudaïsme (détestation de l'héritage spirituel judaïque), et parfois (plus rarement, signalons-le) de l'antisémitisme proprement dit (détestation du peuple juif en tant que groupe ethnique).

Ainsi, pendant toutes les années 70 et 80 deux tartufferies s'opposent, sur le champ de bataille dessiné par la préciosité des enfants de 68. À la tartufferie des sionistes, qui prennent prétexte du souvenir de la Shoah pour défendre une vision communautariste étroite (Conseil Représentatif des Israélites de France, opportunément rebaptisé Conseil Représentatif des Institutions Juives de France) et une politique israélienne agressive (occupation des « territoires »), répond la contre-tartufferie des milieux judéocritiques voire antisémites, lesquels prennent prétexte de la « critique historique » pour tenter de nuire aux intérêts juifs, dissimulant leurs motivations réelles derrière l'antisionisme pro-palestinien. Tartuffe sioniste et Tartuffe antisioniste se battent en duel, dans le salon de Magdelon et Cathos, les enfants du baby-boom !

Cette guerre des Tartuffe prend progressivement de l'ampleur, au fil des années. Et à partir de 1983, elle va se trouver propulsé au cœur des débats politiques français, parce qu'un super-Tartuffe entre alors en lice : François Mitterrand lui-même.

En 1983, la gauche française a disparu. Sa raison d'être était de contester le partage de la plus-value imposé par la bourgeoisie, classe détentrice du capital. Dès lors qu'avec Laurent Fabius, Mitterrand rendait les armes devant la finance mondialisée (politique de rigueur), la gauche sociale-démocrate prouvait, une fois de plus (après 1924, après 1936, après 1956) qu'elle n'a ni le goût, ni les moyens de renverser le pouvoir bourgeois.

Le problème était que cette fois-ci, ce n'était pas devant un capitalisme assagi que la gauche française se couchait :

c'était devant le grand méchant loup néolibéral, l'idéologie des Reagan et Thatcher, la machine monétariste de Milton Friedman. Dans ces conditions, il allait devenir difficile pour le Parti Socialiste de rallier son électorat déboussolé.

Pour sortir de ce piège, Mitterrand eut une idée : faire de l'antiracisme le contenu résiduel de la gauche. Puisque sur le plan économico-social, la gauche post-68 avait définitivement avoué sa nature (la version « cool » de la droite d'affaires), on allait donner au mot « gauche » un nouveau sens : serait « de gauche » le bourgeois antiraciste, ami des immigrés, par opposition au « beauf » raciste, électeur du Front National (et souvent issu des classes populaires). Et pour piloter cette opération d'enfumage général, Mitterrand eut l'idée de s'appuyer sur les réseaux qui, depuis quinze ans, avaient fait de la culpabilisation de l'opinion une méthode d'influence hyper-efficace : les réseaux sionistes, avec en figure de proue l'inénarrable Bernard Henri-Lévy.

De cette alliance obscène entre Tartuffe communautariste pro-sioniste et Tartuffe politique postsocialiste naquit l'association SOS-Racisme. Une nébuleuse idéologique prenait forme, aux contours flous et au contenu pas très clair, mais dont la clef de voûte se trouvait, manifestement, dans la sacralisation symbolique de l'image du Juif persécuté – « l'immigré » n'étant, en fin de compte, qu'une actualisation fantasmatique de cette figure fondatrice.

Trois Tartuffe s'ébattent dès lors autour de la préciosité « Tous Juifs allemands » : les sionistes, qui parlent de la Shoah pour qu'on ne parle pas des Palestiniens ; les révisionnistes, qui contestent l'existence des chambres à gaz parce que c'est plus drôle que d'attaquer frontalement l'influence juive ; et les ex-socialistes, tout contents d'avoir trouvé une cause pour dissimuler leur totale défaite historique. Va s'ajouter à cette ronde infernale le personnage truculent qui la bouclera : Jean-Marie Le Pen.

Le Pen aime bien « déraper », comme disent les médias aux ordres pour dénoncer ceux qui ont laissé percer une opinion non-conforme à la doxa. Sans jamais aller jusqu'au bout de son propos (pas folle la guêpe), il s'arrange régulièrement pour bien faire comprendre que le discours pénitentiel sur la Seconde Guerre Mondiale, il s'en tamponne. Pourquoi y vient-il et y revient-il, alors qu'il sait parfaitement que cela lui vaudra de gros ennuis politiques et même judiciaires ?

Réponse : parce que sur la pile de mouchoirs que les Tartuffe ont imposée au décolleté de la pauvre Dorine à l'étoile jaune, JMLP veut ajouter son petit carré de dentelles. Lui aussi, il a bien envie d'utiliser la « Shoah », mine de rien.

Le grand problème de Le Pen, dans les années 80, c'est : comment gérer la croissance d'un parti qui vient de passer de 1 % à 15 % d'un coup d'un seul. Pas facile, comme mission. D'autant plus que le RPR de Jacques Chirac, en ces années socialo-démago, n'hésite pas à ouvrir ses portes aux transfuges du « Front », après chaque élection. Le FN est le parti qui perd le plus d'élus en cours de mandature. Comment arrêter l'hémorragie ? Comment « marquer au fer rouge » les élus FN, pour que le RPR ne tente plus de les débaucher ?

C'est là qu'intervient la ruse de Le Pen. Lui aussi, il a sa petite tartufferie en réserve. Comme par hasard, il « dérape » toujours à un moment où une partie de son mouvement est sur le point de jeter un pont avec la droite classique. Et de tous les sujets de dérapage possibles, son préféré est évidemment le plus « marquant », celui qui va obliger tout le monde à se définir clairement. Choisis ton camp, camarade : pour le chef, donc infréquentable aux yeux de la droite classique, ou contre le chef, donc exclu du parti.

Ce sujet « marquant », c'est, bien sûr, la « Shoah ».

Et voici que nos quatre Tartuffe *prennent forme* les uns contre les autres, et voici qu'ils tournent, et tournent et retournent, autour du souvenir de la Seconde Guerre Mondiale – un souvenir dont, en réalité, *tout le monde se fout dans la classe politique,* ou à peu près. Pour les sionistes, c'est un argument de propagande antipalestinienne. Pour la plupart des « révisos », c'est un argument contre l'influence juive contemporaine. Pour les « antiracistes » à la Mitterrand, c'est un moyen de redonner un contenu à une gauche vidée de sa substance. Et pour Le Pen lui-même, c'est un « marqueur » idéologique antisystème.

Tous Tartuffe !

*

Cette gigantesque tartufferie n'est pas spécifique à notre pays. Mutatis mutandis, des mécanismes analogues se sont déroulés à l'étranger. Un mouvement général existe, autour de l'hystérie provoquée par le souvenir de la « Shoah » : avis à tous les Tartuffe de la planète, voici un énorme sein à recouvrir de mouchoirs surdimensionnés ! Et que je te me rackette les banquiers suisses au motif qu'ils

ont racketté jadis, et qui c'est qui rackettera l'autre le plus ?
Et que je te demande des dédommagements soixante ans
après (même à la SNCF, dont les trains roulèrent vers les
camps de la mort) ! Et que je m'amuse à remettre
l'Holocauste sur le tapis, pour bien faire comprendre aux
Arabes que l'Iran est un grand pays qui emmerde Israël (le
président Ahmadinejad) ! Et que l'Allemagne livre gratos
des sous-marins à Israël pour se racheter de la Shoah ! (ou
comment donner à un État agressif les moyens de
développer des armes stratégiques, le tout au nom de la paix
dans le monde…) Etc.

Objectivement, c'est ignoble, et je ne peux pas
m'empêcher, souvent, de penser aux véritables victimes – à
leurs enfants, à ceux qui ont souffert d'une absence à cause
de ce qui s'est passé à cette époque. Qu'est-ce qu'ils doivent
penser, en contemplant ce cirque ?

Bref, c'est comme ça.

En France, l'hystérie « Shoah » fut enclenchée et
nourrie par la danse infernale des quatre Tartuffe sur le
champ de la préciosité soixante-huitarde.

Mais pour un certain nombre de raisons que nous allons
détailler dans le chapitre suivant, à un certain moment,
disons dans le courant des années 90, chez nous plus
qu'ailleurs, en tout cas plus vite et plus nettement, Tartuffe
s'est effacé devant une autre figure.

Le Puritain.

L'homme qui fait la chasse aux sorcières.

Où l'auteur s'enterre lui-même

A h là, là, ça n'a pas traîné. J'avais à peine publié mon chapitre 8 qu'un courriel du boss tombait dans ma boîte de réception :

« Coco, on a reçu une demande de clarification du CASSENOI (comité anti-SS des énergumènes non officiellement internés), un avertissement du CAFCA (comité antifasciste des crétins atrabilaires) et une proposition de dommages et intérêt à l'amiable venant de l'ARNAC (Association des résistants non affiliés mais cornaqués). On a aussi un communiqué d'un groupe de révisos qui prétendent que ton bouquin est subventionné par le MOSSAD, le CRIF et qu'en plus, tu as ton rond de serviette chez Rosenberg... Et on a un autre communiqué encore, de la Ligue des Débiles Juifs, celui-là. Eux, ils disent que tu es le fils caché d'Hitler et que tu as passé tes dernières vacances dans un camp d'entraînement terroriste en Iran... Sinon, l'Immonde va sortir un article demain en Une pour dénoncer le péril fasciste renaissant sur le web, et l'Aberration demande une interview sous sérum de vérité ou avec gégène, ils te laissent le choix...

« Bref, coco, c'est la merde. On t'avait prévenu... Pour nous, la question est réglée. J'ai déjà répondu à tous ces gens-là que nous nous désolidarisions. À toi de voir, démerde-toi ! »

Ce courriel ne m'a pas du tout surpris.

J'ai soupiré : « Bon, comme prévu. »

Puis, j'ai décidé de réagir.

Une déclaration solennelle s'impose.

« Messieurs les sionistes communautaristes en plein délire victimaire, je sais que vous avez de sacrés problèmes en Palestine/Israël, MAIS

« Messieurs les antisémites compulsifs, assumés ou refoulés mais immanquablement moisis de la pensarde, je sais que le système ne vous a pas fait de cadeaux, MAIS

« Messieurs les politicards et journaleux françousses qui résistez héroïquement aux SS avec 70 ans de retard, je sais que c'est dur quand il n'y a plus que du Bélouga à la Maison du Caviar parce que BHL a descendu l'Iranien à lui tout seul, MAIS

« Mon propos, dans ce petit bouquin, est de dire ce que je pense être la vérité, sans me laisser influencer par les vociférations de telle ou telle bande d'ahuris obsessionnels.

« Par conséquent, si par hasard vous formiez le projet de me briser les noix avec vos trips à la braque-moi-le-kangourou, sachez que dans cette hypothèse, je concentrerais mes critiques sur votre camp, pour vous apprendre à me casser les bonbons. »

*

Cela dit, revenons au sujet.

Comment l'on est passé de la *tartufferie* à la *chasse aux sorcières*. Tel était le sujet.

Or, donc, petit flash-back, pour comprendre.

1989. Le Mur tombe.

C'est l'époque où Alexandre Soljenitsyne est invité en France, une époque où plus personne ne conteste la véracité de son « Archipel du Goulag », au moins dans les grandes lignes. Les crimes du communisme soviétique apparaissent en pleine lumière. Pour la première fois, il devient *évident* qu'au procès de Nuremberg, le procureur avait à peu près autant de choses à se reprocher que les accusés, ce qui n'est pas peu dire.

En plus, c'est l'époque de l'affaire Boudarel (renseignez-vous si le nom ne vous dit rien).

Tout ça fait violemment désordre. Un *véritable* processus de *révision historique* risque de s'enclencher. En Allemagne, l'historien Ernst Nolte écrit que le rapport entre nazisme et bolchevisme relevait à la fois de la détestation mutuelle et de la *fascination* mutuelle. Et il pose la question : qui a imité qui *en premier* ?

Le pire du point de vue des maîtres du système politique, c'est que cette *Historikerstreit*, cette querelle des historiens, cette remise en cause du dogme « Hitler Mal / Staline Bien », ne menace pas que les intérêts communistes, loin de là. Si la vérité officielle élaborée à Nuremberg commence à se lézarder, qui sait jusqu'où ces lézardes s'étendront ? Et si l'on posait la question du financement du parti nazi par la Haute Banque anglo-américaine dans les années 20/30 ? Et si l'on demandait *pourquoi* les alliés occidentaux ne bombardèrent pratiquement *jamais* les voies de communication menant aux camps de la mort ? Et si l'on se mettait à comparer le bombardement de Dresde et celui de Coventry ? Aïe, aïe, aïe. Il y a *péril en la demeure.*

La question est sensible partout dans le monde, mais nulle part, pas même en Allemagne, elle ne l'est autant qu'en France. C'est qu'en 1944/45, la France post-Seconde Guerre Mondiale s'est édifiée sur un extraordinaire tissu de *pieux mensonges.* « La France a gagné la guerre ! » (tu parles, Charles), « Tous les Français ont résisté, sauf une minorité de collabos » (héhé, moins de 1 % de résistants en actifs en 1943), « Le parti communiste est le parti des fusillés » (même pas vrai : en 1939-40, les cocos qui sabotaient la production de guerre pour aider Hitler, alors allié de l'URSS, ont été arrêtés mais pas fusillés !), et enfin le plus gros mensonge de tous : « La France est encore une grande puissance » (alors qu'en 1945 elle n'existe pratiquement plus sur le plan géostratégique, et n'arrivera pas à renaître sous le régime gaulliste).

Depuis la Libération, la France est le pays du simulacre. C'est un pays qui fait semblant d'être vainqueur pour faire semblant *d'être*, tout simplement. Le mythe résistancialiste est inséparable de l'identité « républicaine » post-1945. Si ce mythe s'écroule, on s'apercevra que la République Française n'est plus qu'un théâtre d'ombres, une machine d'État faussement nationale, en réalité entièrement au service des puissances mondialistes de la finance mondialisée (Note de l'éditeur : « ploutocratie cosmopolite », j'ai remplacé. Faut pas pousser.). Une terrifiante *raspoutitsa idéologique* menace d'emporter la banquise frigorifiée qui sert de patrie imaginaire à l'âme française.

Du coup, notre classe politique est menacée dans son essence. C'est son *être* même qui est en jeu. En France, est dit « républicain » celui qui se rattache à l'ensemble de mythes mis en place par les vainqueurs de 1945. Si ces mythes s'écroulent, l'adjectif « républicain » n'aura *plus de sens*.

Il y a urgence à remettre le débat au congélateur, thermostat bloqué sur « grand froid ». C'est alors que paraît Jean-Claude Gayssot, l'homme qui va laisser son nom à la plus grande chasse aux sorcières de l'Histoire contemporaine.

*

En 1991, la gauche idéologique française est mûre pour l'hystérie magique, exactement comme les puritains yankees de la fin du XVII° siècle. Cette gauche largement soixante-huitarde se pense comme le « camp du Bien » (préciosité, confère ce que je disais précédemment). Si tout le système politique français repose sur le simulacre résistancialiste, la gauche « post-1983 », elle, *est* ce simulacre. Et elle l'est passionnément. « L'homme de gauche » lecteur du Monde est, en 1991, intimement persuadé que la ligne séparant le Bien du Mal retranche de ce qu'il est, de son monde à lui, ceux qui ne sont pas « de gauche ». La vérité dont un Soljenitsyne est porteur, cette idée que « la ligne qui sépare le Bien du Mal traverse le cœur de chaque homme » (l'Archipel du Goulag), cette vérité profondément *chrétienne*, est insupportable au *pharisien* gauchiste post-68, type Edwy Plenel, Serge July et compagnie.

C'est pourquoi le système politique français, profondément déstabilisé par l'implosion potentielle du mythe résistancialiste, va déléguer à sa gauche la tâche cruciale de déclencher une *merzlota* idéologique tendance anticyclone sibérien. Tout le monde à la maison, blizzard tous azimuts, ne sortez plus de chez vous ou vous finirez congelés. Il faut paralyser totalement le débat, interdire la réflexion, sidérer les esprits. C'est, pour ce système privé de son mythe fondateur, le *seul* moyen de perdurer.

D'où la loi Fabius-Gayssot, proposée par un communiste, soutenue par un dignitaire socialiste courroie de transmission avec la communauté juive organisée, dénoncée initialement par la droite institutionnelle, puis pieusement sacralisée par cette même droite, le moment venu. La « République » résistancialiste avait déjà la loi Pleven (1972), mais ça ne suffisait pas. Elle laisse donc la gauche idéologiquement en faillite verrouiller totalement le débat, parce qu'en l'occurrence, la défense hystérique de la version « gaucho-compatible » de l'Histoire permet d'édifier une première ligne de défense devant *l'ensemble* du système, gauche et droite confondue. Les Tartuffe s'entendent pour confier la tartuferie aux Puritains, parce qu'ils savent que le puritanisme, c'est *efficace*. Comme souvent dans l'Histoire, le Puritain est donc en réalité *l'homme de main du Tartuffe* (Cromwell, homme de main des grands bourgeois anglais ; Robespierre, homme de main des thermidoriens qui finiront par le dézinguer, etc.).

La loi Gayssot a été votée en juillet 1990, moins d'un an après la chute du Mur. Elle a été présentée au parlement par le député communiste Jean-Claude Gayssot. Elle stipule que « toute discrimination fondée sur l'appartenance ou la non-appartenance à une ethnie, une nation, une race ou une religion est interdite, » disposition qui faute d'être circonscrite à la sphère publique, pose un certain nombre de problèmes pratiques (nous y reviendrons). Mais surtout : elle déclare délictueuse la contestation de l'existence des crimes contre l'humanité *définis comme tels par le Tribunal militaire international de Nuremberg.*

Il faut bien comprendre les implications proprement démoniaques de cette disposition pénale. Faire un délit de la contestation d'un fait historique, c'est décréter que le Juge doit dire l'Histoire. C'est donc mécaniquement soustraire l'Histoire au domaine de la vérité révisable, en fonction de l'avancement de la critique, pour l'inscrire dans le domaine du *témoignage* (à caractère potentiellement *religieux*). À partir de là, la recherche historique est rendue impossible. C'est contraire au simple bon sens – et c'est même ridicule depuis que la Russie a officiellement reconnu la culpabilité du NKVD soviétique dans le massacre de Katyn (imputé aux Allemands par les soviétiques, à l'époque).

Alors qu'on me comprenne bien : je ne dis pas que les « révisos » ont raison (honnêtement, je pense qu'ils ont tort sur l'essentiel). Ce que je dis en revanche, c'est que si l'on veut pouvoir se parler, il faut tolérer que soient dites des sottises. Sinon, le silence s'abat sur nous, et avec lui, *l'oppression.*

L'oppression, car la plus grave conséquence de la loi Gayssot, c'est d'avoir rendu obligatoire une *opinion*, ouvrant la porte à une *chasse aux sorcières.*

Dans « Les sorcières de Salem », Miller place le propos suivant dans la bouche de son Puritain inquisiteur : « Le crime de sorcellerie est *intérieur*. Il n'a pas de témoin autre que la victime et le coupable. » Et notre Puritain d'en déduire, à mots à peine couverts, que dès lors que ce crime est impossible à prouver, *le seul moyen de s'en innocenter, c'est de le dénoncer.*

Eh bien, à partir du moment où vous faites d'une opinion un délit, vous créez un « crime intérieur » dont on ne pourra s'innocenter qu'en dénonçant ceux qu'on soupçonne de l'avoir commis.

La loi Gayssot a ouvert la porte aux emballements mimétiques décrits par Miller dans sa célèbre pièce de théâtre. Elle a transgressé cette règle que Montaigne avait édictée dès le XVI° siècle : le Prince peut connaître de la conduite de ses sujets, mais pas de leurs pensées. Elle nous ramène en amont des progrès faits après les guerres de religion. Elle est d'ailleurs en elle-même, on peut le dire, quoi, lâchons-nous ça fait du bien, *un acte de guerre civile.*

*

C'est une catastrophe pour tout le monde – et même, à plus ou moins long terme, pour ces mêmes milieux juifs communautaristes qui ont au départ enclenché la tartufferie victimaire, et se retrouvent aujourd'hui débordés par un appareil politique bien content de trouver une cause derrière laquelle dissimuler la sienne.

Tu ne me crois pas, mon camarade ? Tu penses que mon affection pour nos compatriotes juifs m'aveugle ?

Attends, que je t'explique.

La mécanique génératrice de l'antisémitisme est bien connue.

Il existe six attitudes possibles du « Non-Juif » face au « Juif ».

a) Considérer que « les Juifs » n'existent pas comme catégorie homogène (judéoindifférence), ce qui interdit toute réflexion (pas totalement faux, mais paralysant) ;

b) Considérer que « les Juifs » sont *bons par essence ethnique* (judéomanie), ce qui est évidemment une aberration ;

c) Considérer que « les Juifs » sont *bons du fait de leur héritage culturel* (judéophilie), ce qui n'est pas aberrant, mais de parti pris et évidemment faux une fois sur deux, ou à peu près ;

d) Considérer que « les Juifs » ne sont *ni bons ni mauvais*, mais que leur héritage culturel spécifique rend nécessaire une *critique sans parti pris* (attitude judéocritique), ce qui est tout à fait sensé ;

e) Considérer que « les Juifs » sont *mauvais du fait de leur héritage culturel* (judéophobie), ce qui n'est pas aberrant, mais de parti pris et évidemment faux une fois sur deux, ou à peu près (comme la judéophilie) ;

f) Considérer que « les Juifs » sont *mauvais par essence ethnique* (antisémitisme), ce qui est évidemment une aberration.

Les attitudes sensées, qui permettent un positionnement logique face à la « question juive », sont la judéoindifférence et l'attitude judéocritique. La judéophilie et la judéophobie sont des attitudes de parti pris et ne permettent pas de réflexion sérieuse. La judéomanie et l'antisémitisme sont des pathologies (et d'ailleurs, très souvent, elles recouvrent des phénomènes névrotiques chez ceux qui les professent).

Or, on le remarquera, ces pathologies sont enclenchées *par suite de l'impossibilité de formuler une critique raisonnée de l'héritage juif.* Le « parcours » classique de l'antisémite (ou du judéomane, catégorie reflet) est en effet le suivant :

a) D'abord s'en foutre (« Les Juifs ? Bof. Existent même pas... ») ;

b) Ensuite s'y intéresser (« Les Juifs ? Ah, c'est vrai, ils existent, et ils sont importants. Beaucoup de journalistes, d'intellectuels, un gros pouvoir financier, aussi... ») ;

c) Tenter de formuler une critique (« Les Juifs ? Ah, c'est intéressant... C'est vrai qu'on peut se demander si dans l'attitude du journaliste juif qui défend bec et ongle un ordre économique favorable à une Haute Banque largement juive, il n'y a pas une sorte de solidarité communautaire primant en quelque sorte la lutte des classes... Notez bien que je ne dis pas que 'les Juifs', collectivement, sont coupables de quoi que ce soit, ce serait absurde... Mais je me demande s'il n'existe pas une sorte de lien privilégié entre le pouvoir oligarchique bancaire et une partie du monde juif... Il faudrait creuser cette question, ne serait-ce d'ailleurs que pour ôter une suspicion fâcheuse de l'échine des Juifs ordinaires... ») ;

d) Se faire agresser, par des gens qui ne sont pas forcément juifs, certains oui et d'autres pas, mais sont en revanche tous *au service* des puissants (« Si vous posez la question du lien entre le pouvoir oligarchique dans le système capitaliste et 'les Juifs', c'est parce que vous avez un agenda secret : nuire aux Juifs... Vous êtes un antisémite, monsieur, vous êtes un psychopathe décidé à exterminer le Peuple Elu... Comprenez bien ceci : si vous dites du mal des Juifs riches, c'est parce que vous en voulez aux Juifs, pas parce que vous en voulez aux riches ! Quiconque dit du mal du pouvoir oligarchique dans le système capitaliste est un antisémite, monsieur... Vous devriez avoir honte ! ») ;

e) À partir de là, deux attitudes sont possibles :

- soit l'individu concerné est du genre docile je-marche-dans-les-clous-pour-qu'on-ne-m'en-plante-pas-dans-la-couenne, et il bascule dans la judéophilie (« Bon, bon, les Juifs sont bons, regardez, je le dis et donc je ne suis pas antisémite ») ;

- soit c'est une tête de lard, et il bascule dans la judéophobie (« Ah bon ? Alors si on pense du mal de la Haute Banque, c'est qu'on pense du mal des Juifs ? Bon, ben d'accord, je pense du mal des Juifs... ») ;

f) Si l'individu formule sa judéophobie, il a des ennuis avec des Juifs (ça se comprend). Ceux-ci l'agressent, ou tentent de lui nuire d'une manière ou d'une autre (ce qui est logique, puisqu'il leur nuit de son côté). Selon l'intensité du conflit qui en résulte et la propension du personnage à la paranoïa (tout le monde n'est pas aussi timbré que l'oncle Adolf), on va alors glisser tout doucement de la judéophobie vers l'antisémitisme, au fur et à mesure que la figure de l'adversaire, faute de pouvoir être cernée, dite, explicitée, sera plaquée sur la seule essence délimitable, la donne biologique (le mécanisme inverse existe, qui fait passer de la judéophilie à la judéomanie, au fur et à mesure que le judéophile se retrouve lié aux intérêts qu'il suppose juifs – et qui souvent ne le sont même pas !).

Tout ça pour dire quoi ?

Eh bien pour dire que la loi Gayssot est une formidable machine à fabriquer de l'antisémitisme.

Le moment clef dans ce parcours de l'antisémite, ce moment où l'antisémite *devient* antisémite, c'est l'instant où on lui dit : « Si vous critiquez la Banque, c'est que vous détestez les Juifs » – et où il répond : « Très bien, alors détestons les Juifs ». Le reste, c'est-à-dire le basculement ultérieur de la judéophobie vers l'antisémitisme, n'est qu'une conséquence mécanique, presque inéluctable une fois la ligne franchie qui séparait l'attitude judéocritique de l'attitude judéophobe. Or, ce « moment » fondateur de l'antisémitisme contemporain, l'interdiction de toute critique à l'égard du monde juif engendrée par l'hystérisation Shoah *est en train de le reproduire à grande échelle*, et la loi Gayssot sert précisément de clef de voûte à cette machine infernale.

Une fois que le Puritain a commencé à sévir dans une société, les mécanismes qu'il enclenche lui échappent très vite. C'est exactement le processus décrit par Arthur Miller : la chasse aux sorcières *fabrique* des démons, là où il n'y en avait pas. Il est devenu très difficile, en France, de tenir des propos judéocritiques – c'est-à-dire d'opérer une critique sans parti pris de la culture juive, de la pensée juive, de la religion juive. Quiconque critique le judaïsme, ou même l'héritage juif au sens large, se voit accusé d'être antisémite – « dénonce la sorcière, ou tu es une sorcière ! ». Et en arrière-plan de cette accusation, il y a toujours la redoutable menace judiciaire « Gayssot » … Résultat : sachant que la critique est impossible, *la haine monte*. C'est longtemps resté souterrain, c'est encore aujourd'hui largement invisible, mais c'est très réel. Ne vous étonnez pas de voir se multiplier, depuis quelques années, les passages à l'acte antisémites. C'est, entre autres choses, le produit direct de la chasse aux sorcières déclenchée par Gayssot et compagnie.

En suscitant le Puritain pour sauver leur boutique, les Tartuffe ont ouvert une boîte de Pandore gratinée !

Où l'auteur s'avoue blanc de peau

Bon, aller, ami lecteur ! Tu as raison, assez parlé du délire « Shoah ». Élargissons le champ de la réflexion.

Si j'ai commencé la visite guidée du politiquement correct par le délire victimaire « Shoah », c'est uniquement par égard pour nos amis communautaristes sionistes et leurs adversaires préférés, les antisémites obsessionnels. Ces gens-là méritent en effet une belle *standing ovation* pour l'intensité inégalable de leurs paranoïas construites en miroir.

Cela dit, des Tartuffe et des Puritains, dès qu'il est question de race, on en trouve *partout*. Et quand on parle d'antiracisme, on en trouve peut-être encore plus que quand on parle de racisme – parce qu'historiquement, l'antiracisme a *toujours* été une tartufferie.

Quand un méchant veut cacher sa méchanceté, il joue les gentils – et quand il ne peut plus cacher sa méchanceté, il fait semblant d'être en colère pour de bonnes raisons. Eh bien, de la même manière, quand un *fasciste* veut cacher qu'il est fasciste, il pose à l'antiraciste antifasciste de service.

L'antiracisme institutionnel dans les pays occidentaux, depuis quarante ans, c'est *ça*.

Une gigantesque tartufferie.

Démonstration tout de suite, avec, à tout seigneur tout honneur, le pays phare de l'Occident : les États-Unis d'Amérique, patrie de l'antiracisme depuis un demi-siècle.

*

Pour commencer, l'antiracisme ricain est un truc de Blancs. Les Noirs, au fond, ne sont jamais antiracistes – sauf quand les Blancs les payent pour ça.

Martin Luther King n'était pas « antiraciste ». Ses ouailles ne demandaient pas des quotas de Noirs dans les bus. King ne souhaitait pas qu'on mesurât la place réservée aux blacks dans les transports publics, il demandait au contraire *qu'il n'y ait plus* de place réservée. Son objectif n'était pas l'égalité arithmétique entre Noirs et Blancs, mais la reconnaissance d'une commune dignité, *indépendante de la couleur de peau*. Il ne voulait pas ramener le Noir à l'échelle de valeurs du Blanc, il affirmait que la seule échelle de valeurs possible était *humaine*. Ce n'était pas un antiraciste, parce que c'était un non-raciste. Il ne demandait pas l'égalité des races, mais l'égalité des hommes par-delà la race. Dixit : « Je fais le rêve que mes quatre jeunes enfants vivront un jour dans une nation où ils ne seront pas jugés pour la couleur de leur peau, mais *pour le contenu de leur personne.* » Ce discours n'est pas inscrit dans les catégories de l'antiracisme contemporain, catégories qui mettent la race au centre du raisonnement (soi-disant pour en dénoncer l'inexistence). Ce discours veut ignorer le fait racial, le ramener à une réalité de second ordre, négligeable. C'est un discours non-raciste, mais pas antiraciste.

Malcolm X idem. Il n'était pas antiraciste pour deux sous. Si on lui avait proposé de participer à un testing pour garantir que les blackos puissent entrer en boîte de nuit histoire de se trémousser sur la musique des Blancs avec les Blancs, il aurait abattu sans remord l'organisateur de l'opération. Son truc à lui, c'était une musique de Noirs pour les Noirs, et que les Blancs aillent *se faire foutre*.

Selon les points de vue, on peut le voir comme :

- un ethnodifférencialiste noir (la *Nation of Islam* était *opposée* à la fin de la ségrégation, parce que ça risquait, disaient ces gars-là, de dissoudre les Noirs dans la majorité blanche ; et Malcolm himself était très branché « entreprises noires indépendantes du monde blanc », histoire que ces potes blackos n'aient pas à se mêler aux pâlichons, beurk),

- comme un raciste suprémaciste antiblanc (il croyait que les Blancs étaient le résultat d'une expérience scientifique noire qui avait mal tourné ; sur le moment, tout le monde a cru qu'il rigolait, mais depuis qu'on a découvert Britney Spears et George W. Bush, l'hypothèse est devenue salement crédible !),

- ou comme un « identitaire » avant la lettre (le « X » de son nom modifié exprimait le fait que sa véritable identité lui avait été volée, quand son ancêtre esclave avait dû adopter un nom choisi par son maître).

Dixit : « On nous gagne à la non-violence par ruse. [...] Je pense que les noirs de ce pays auront plus de raisons que tout autre peuple au monde de se dresser pour leur propre défense, quitte à briser autant d'échines et à casser autant de têtes qu'il faudra. » Franchement, vous voyez ce mec-là adhérer à SOS-Racisme pour que le gentil Blanc progressiste le protège des méchants racistes du Front National ? Il est bien évident que les antiracistes contemporains, genre « défense du vivre-ensemble », auraient fait gerber le père Malcolm.

Conclusion : que ce soit chez les gentils petits nwârs à la Luther King ou chez les grands méchants blackos à la Malcolm X, l'antiracisme, au départ, *ce n'est pas un truc de Noirs*. Spontanément, certains de ces mecs à couenne colorisée veulent qu'on oublie leur peau, d'autres réclament qu'on les laisse s'organiser entre mecs qui passent inaperçus les nuits sans lune, mais aucun ne demande la discrimination positive, les quotas par origine ethnique, et tout le bastringue politiquement correct de notre antiracisme contemporain. L'antiracisme, c'est ce qu'on leur a donné – pas ce qu'ils ont demandé à l'origine.

*

Donc, l'antiracisme ricain n'est pas le truc des Noirs. Mais alors, *de qui* est-ce le truc ?

Eh bien, pour dire les choses simplement, voici ma thèse : l'antiracisme est le truc des anciens sponsors ricains du racisme, qui ont décidé de changer de cheval quand ils ont compris que l'oncle Adolf avait définitivement grillé les bons vieux racistes à la Papa. L'antiracisme, c'est un différentialisme extra-économique permettant de construire une échappatoire à la lutte des classes, exactement comme le racisme du bon vieux temps – et en plus, cerise sur le gâteau, c'est un différentialisme qui piège les universalistes, ce que le racisme ne pouvait pas faire.

Explication pour ceux qui n'ont pas suivi.

Explication à partir d'un exemple : la discrimination positive, accomplissement principal de l'antiracisme aux USA, depuis un demi-siècle.

Au début des années 60, l'Amérique se donne pour objectif d'intégrer totalement sa population noire, dans une logique de non-discrimination. C'est la conséquence du mouvement des droits civiques. Or, cette intégration est très difficile. La population noire a subi, depuis des siècles, un processus de stigmatisation qui l'a progressivement enfermée dans un étrange cercle vicieux, la haine de soi renforçant une stigmatisation qui débouche sur la haine de soi. Le niveau éducatif des Noirs est très inférieur à celui des Blancs. Facteur aggravant, il n'y a pas de catégories intermédiaires. Dans ce pays obsédé par la *pureté*, quiconque est métis est réputé noir. Une goutte de sang noir suffit à faire de vous un « non-blanc », c'est ainsi.

L'expression « affirmative action », c'est-à-dire « action positive » en faveur des Noirs, est utilisée pour la première fois par John F. Kennedy au début des années 60. Dans son esprit, elle doit correspondre à la gestion d'une situation *transitoire*. Il s'agit, pour quelques années, de favoriser les personnes *de race noire*, afin de compenser l'injustice subie par leur « *communauté* ».

C'est une mesure qui se veut généreuse et équitable, mais qui renvoie très clairement à un mode de pensée *différencialiste*, et même potentiellement *ségrégationniste* :

- Pensée différencialiste, puisque les individus sont renvoyés à leurs différences (les Noirs sont d'abord noirs et ensuite humains, les Blancs sont d'abord blancs et ensuite humains),

- Pensée potentiellement ségrégationniste, puisque des groupes d'intérêt opposés ne vont manquer d'apparaître, dès lors que l'appartenance communautaire devient un enjeu de discrimination (les Noirs unis pour défendre les quotas de Noirs, les Blancs unis pour dénoncer les quotas de Noirs) – et ces groupes ayant des intérêts opposés, ils vont spontanément se fermer les uns aux autres.

On remarquera donc que cette pensée généreuse, mais différencialiste et potentiellement ségrégationniste, *est parfaitement compatible avec les structures mentales fondatrices du puritanisme.* La logique de la « discrimination positive » est en effet de répartir symboliquement les individus entre ceux qu'il est légitime de discriminer favorablement, et ceux qui, contrepoids inéluctable, *doivent* être discriminés négativement. La dynamique de la « chasse aux sorcières » est donc déjà implicitement présente dans le concept même de « discrimination positive ». Le besoin de séparer à tout prix entre les ténèbres et la lumière est le fondement de l'esprit puritain, et dès l'origine, on le trouve tapi au fond de la discrimination positive, et par contrecoup, au fond de tout l'argumentaire antiraciste contemporain.

Conceptualisé par la « deuxième gauche » issue des campus américains dans les années 60, la discrimination positive a été appliquée de manière significative seulement à partir des années 70. Elle a donné des résultats *très* contrastés. En quatre décennies, trois phénomènes majeurs ont touché la population noire américaine :

- Une intégration large dans la classe moyenne inférieure (on estime qu'entre 1965 et 2005, la proportion de Noirs relevant de cette catégorie est passée de 10 % à 70 % environ, tandis que la proportion de Noirs relevant de la catégorie inférieure du précariat a suivi une évolution inverse). Ce résultat doit cependant être nuancé : la période 1980-2005 voit en effet une impressionnante chute du statut de la classe moyenne, en particulier dans les couches inférieures (accroissement des inégalités à partir de l'ère Reagan), de sorte qu'à partir du milieu des années 80, on ne sait plus si ce sont les Noirs qui se hissent vers la classe moyenne inférieure blanche, ou cette dernière qui régresse vers leur niveau social (voir, pour ceux qui veulent comprendre concrètement ce que signifie ce double mouvement complexe, le film « 8 Mile », tourné par le rappeur Eminem à propos de son adolescence à Detroit – pour une fois que l'univers rap donne quelque chose d'intéressant, profitons-en).

- Un échec complet à l'égard de la fraction de la population noire qui n'a pas intégré la classe moyenne inférieure (et dont la situation s'est objectivement *détériorée*, avec aujourd'hui un taux d'incarcération, chez les jeunes hommes noirs américains, qui bat tous les records – 60 % des hommes noirs non diplômés scolaires font au moins un séjour en taule !).

- Des effets pervers reconnus sur au moins trois plans : le doute systématiquement jeté sur la compétence professionnelle et universitaire des Noirs de la classe moyenne supérieure, une inquiétante intériorisation de l'infériorité par les jeunes Noirs eux-mêmes (en particulier sur le plan scolaire), du carburant pour le racisme (les discriminés négativement ayant une fâcheuse tendance à ne pas porter dans leur cœur les discriminés positivement).

Au vu de ces résultats pas franchement mirifiques, depuis quarante ans, la discrimination positive est régulièrement mise sur la sellette. Et pourtant, toujours contestée, elle est constamment reconduite. Le pouvoir politique, depuis quarante ans, reproduit d'année en année ces mécanismes, dont il sait pourtant qu'ils ont des résultats très contestables. Et d'années en années, les *studies* issues de l'intelligentsia bien-pensante, blanche dans une forte proportion, nient avec obstination les effets secondaires indésirables que tout le monde, désormais, a parfaitement identifiés.

Question : pourquoi ? Pourquoi le pouvoir cautionne-t-il une méthode, « *the affirmative action* », qui ne donne pas de bons résultats, et ne correspond plus depuis belle lurette à sa philosophie initiale ? Pourquoi, depuis un demi-siècle, aux USA, traite-t-on la question raciale de manière telle qu'on donne aux Noirs quelque chose dont leurs propres leaders, initialement, *ne voulaient pas* ?

Je ne peux pas prouver ce que je vais maintenant dire. Mais, ami lecteur, je te demande de bien considérer l'hypothèse que je vais formuler.

La finalité de la discrimination positive n'est pas de discriminer positivement les minorités opprimées, mais d'ancrer dans les esprits l'idée qu'une discrimination arbitraire peut être positive.

Ou si l'on préfère :

Tout le monde croit que « discrimination positive » veut dire démarche en faveur des discriminés, alors qu'en réalité, le sens caché, c'est qu'il s'agit d'une démarche en faveur du principe de discrimination *en lui-même*.

*

À l'appui de cette thèse iconoclaste, ô mon impartial lecteur, permets-moi d'analyser les conséquences *pratiques* de la discrimination positive sur la manière dont les Américains perçoivent leur propre société.

La discrimination positive anéantit en premier lieu la perception de *l'intérêt général*, et donc la possibilité d'une authentique *conscience politique*. Un Noir américain qui a grandi dans la culture du « discriminé positivement » a profondément intégré les attitudes, les modes de pensée, les logiques fondatrices de l'individualisme narcissique consumériste. Le message passé par le « système » à cet individu a été : le sujet du débat, c'est « allons-*nous te* donner ce que tu veux ? » Il faut à partir de là un très grand effort pour que cet individu formule l'autre question potentielle : « comment *mériter* ce que je veux, c'est-à-dire comment me justifier au regard de l'intérêt général ? » La discrimination positive infantilise évidemment les « discriminés positivement » – et ainsi, elle les enferme dans des attitudes *racistes*, puisque ce n'est pas le « contenu de leur personne » (Martin Luther King) qui les structure dans le champ politique, mais bien *la couleur de leur peau*.

Aux élections présidentielles 2008, environ 95 % des Noirs ont voté pour le sénateur Obama. Qu'aurait-on dit, si 95 % des Blancs avaient voté pour John Mac Cain ? On aurait dit, évidemment, que c'était un vote *raciste*. L'élection présidentielle américaine 2008 fut sans doute l'instant où l'antiracisme avoua sa véritable nature : un racisme à bonne conscience, parce que justifié par une dynamique *compensatoire* et *hystérique*.

Où l'on retrouve Molière.

Tout cela est profondément malsain. Les *Précieuses Ridicules* de l'antiracisme ne veulent pas voir cette réalité, parce que dans leurs cervelles de moineau, renverser la figure du dominant, c'est se libérer de la domination. Mais la réalité, elle, est toujours là : l'antiracisme sauce « discrimination positive » est un plat *raciste* particulièrement *épicé* !

Mais, derrière la préciosité, il y a une tartufferie.

L'antiracisme amène les groupes sociaux à percevoir prioritairement leurs conflits réciproques, et donc à faire passer au second plan leurs conflits *avec le Pouvoir*.

Si l'on regarde les conséquences concrètes de la discrimination positive yankee, on arrive à la conclusion que ce machin :

- Fait plaisir aux gentils petits nwârs, leur donne l'impression qu'on fait plein de choses pour eux, et donc les coupe des grands méchants blacks qui voudraient les entraîner dans un trip à la Malcolm X.

- Ne coûte pas grand-chose au pouvoir, puisqu'en pratique, ce sont les classes moyennes blanches qui payent l'addition, via, en particulier, la discrimination négative de leurs enfants (eh oui, si on discrimine positivement d'un côté, c'est qu'on discrimine négativement de l'autre).

- Met très en colère les groupes discriminés négativement, ce qui les rend encore plus racistes, et fabrique donc des hordes de petits Blancs frustrés, lesquels voient les gentils petits nwârs discriminés positivement comme leurs ennemis, au lieu de s'intéresser de près à la politique suivie par leur gouvernement (leur véritable ennemi).

En somme, la discrimination positive est une machine à instrumentaliser les tensions internes aux groupes sociaux dominés au nom non plus de la supposée supériorité blanche, mais au contraire *au nom de la négation de cette supériorité*. La vieille tactique de l'élite capitaliste puritaine bostonienne et new-yorkaise était : engageons la moitié des pauvres pour tuer l'autre moitié, et pour cela, cautionnons le racisme (voir l'excellent film « Gangs of New York », sur les stratégies du Pouvoir à New York dans années 1860).

Eh bien, la nouvelle tactique de cette même élite capitaliste, devenue plutôt judéo-puritaine que puritaine depuis la fin du XIX° siècle, est : utilisons les tensions internes aux groupes dominés non pour les faire s'entretuer, *mais pour les faire se paralyser mutuellement*. On ne joue plus sur la violence interethnique, mais sur la *menace* de cette violence, menace qu'on entretient secrètement en se donnant l'air de la combattre.

Tout ça, c'est une *oppression* très bien *calculée*. L'antiracisme version USA, c'est une sacrée *tartufferie*.

Et si vous ne me croyez toujours pas, si vous pensez que cette tartufferie n'est qu'un à côté, un épiphénomène qui ne doit pas nous masquer la cause essentielle (défendre les pauvres nwârs opprimés par les méchants Blancs sudistes), posez-vous donc les questions suivantes : quelle est l'évolution socio-économique majeure des années 80-

90-2000, et comment la middle class américaine y a-t-elle répondu ?

Réponses :

- L'évolution principale, c'est que la répartition des revenus entre travail et capital a basculé en faveur du capital, la compression des revenus du travail ayant surtout été effectuée au détriment de la *lower middle class*, et l'expansion des revenus du capital ayant surtout profité, évidemment, aux classes supérieures (dont les enfants fréquentent les universités productrices de la deuxième gauche antiraciste).

- La middle class ricaine a répondu à cette agression du Capital en se solidarisant des classes supérieures « républicaines », contre le Parti Démocrate, essentiellement parce qu'un bloc électoral important, les « *angry white males* » (Hommes blancs en colère) a été rejeté du côté droit de l'échiquier politique par réaction contre l'antiracisme agressif de la « gauche ». Sans la « discrimination positive », ces *white males* auraient été en colère contre la politique économique suivie par les néolibéraux – et ils se seraient retrouvés solidaires des Noirs, eux aussi économiquement opprimés. À cause de la discrimination positive, la question sociale a été reléguée au second plan, derrière la question raciale, et les *angry white males* ont voté pour des dirigeants ultralibéraux qui écrasaient économiquement les classes moyennes, mais, au moins, ne faisaient pas de l'homme blanc un paria dans son propre pays.

Pigé ? Tartuffe, il s'en fout, de l'antiracisme.

Ce qui l'intéresse, c'est le *pognon*.

Le politiquement correct, ça sert à regarder là où on ne verra pas le *phallus du Pouvoir*.

Où l'auteur constate qu'on peut dire autant de niaiseries en Français qu'en Anglais

En France, d'une certaine manière, les puritains s'appellent des jacobins. C'est pourquoi, en passant l'Atlantique, cet antiracisme tartuffesque a légèrement muté : il a conservé certains des traits que les ricains lui avaient donnés, il en a perdu d'autres.

Mais finalement il a plutôt bien réussi à s'acclimater à nos longitudes.

Détaillons le processus. Vous allez voir, c'est instructif.

L'antiracisme français s'est constitué progressivement avec une à deux décennies de retard sur les États-Unis, selon un processus presque identique terme à terme.

United States of Aberration	Ripoublique di Frankistan
1955-1970 : Mouvement civique des Noirs américains. Au fil des années, ce mouvement né dans la population noire est récupéré/encadré par des militants politiquement formés... donc par des Blancs, bien souvent.	1970-1976 : Divers mouvements des travailleurs immigrés (grève des loyers SONACOTRA...). Le mouvement est très largement piloté par les réseaux trotskistes post-68.
1964 : Avec le candidat Goldwater (fils d'un monsieur Goldwasser, juif converti à l'épiscopalisme), la sensibilité ultralibérale commence à conquérir le parti républicain (l'écrasement de la classe moyenne commence, même si pour l'instant, personne ne le voit). Goldwater fait campagne pour une politique économique ultralibérale, mais aussi en faveur de l'émancipation des Noirs (sauf quand elle contrarie le droit de propriété).	1972/1974 : Abandonnant les acquis du gaullisme, George Pompidou (ancien directeur général de la banque Rothschild) concède une large indépendance de facto à la Banque de France (la faillite du modèle social français est en préparation, même si pour l'instant, personne ne le voit). Après 1974, Giscard d'Estaing, son successeur, poursuit son « œuvre ». Simultanément, il ouvre largement les frontières à l'immigration, à la demande de ses amis du haut patronat, qui salivent déjà devant cette main d'œuvre docile, si facile à exploiter.
1965 : Immigration and Nationality Act (abolition des quotas d'immigration par nationalité, l'Amérique s'ouvre à la « diversité » raciale tous azimuts)	1972 : Loi Pleven (fondation de la législation antiraciste et base de la future loi Gayssot)
	1976 : décret de reconnaissance officielle du droit au regroupement familial

	(« pompe aspirante » de l'immigration)
1967 : « *Devine qui vient dîner ce soir* », film caractéristique des bons sentiments antiracistes américains post-ségrégation (réalisation : Stanley Kramer, cinéaste juif auteur d'un film sur le procès de Nuremberg)	1984 : « *Train d'enfer* », film dénonçant le racisme des Français à l'égard des arabes (réalisation : Roger Hanin, cinéaste et acteur qui s'est fait connaître surtout par un film prônant implicitement l'alliance entre arabes et juifs contre les Français « vieille école » – *Le Grand Pardon*, 1982)
1968 : Avec le Civil Right Act, le mouvement des Droits Civiques a atteint son objectif : l'égalité légale en Blancs et Noirs.	En France, les enfants de l'immigration bénéficient dès les années 70 de l'égalité légale, puisque la loi française n'a *jamais* été ségrégationniste, mais il faut attendre les années 80 pour qu'avec la « marche des beurs », la citoyenneté soit *revendiquée* par eux.
	La « marche des beurs » est récupérée cyniquement par le Parti Socialiste.
1970-1980 : Grande époque des « studies » politiquement orientées dans les universités américaines, l'antiracisme devient une *idéologie*. Il ne s'agit plus d'accorder aux Noirs l'égalité devant la loi (puisqu'elle est acquise – d'où la création d'un discours selon lequel l'égalité serait *toujours à poursuivre*).	1983-1993 : Avec l'association « SOS Racisme » (dirigée par le « philosophe » BHL et le politicien socialiste Julien Dray), l'antiracisme devient le contenu résiduel de la gauche française. Les médias évoquent constamment la question dite raciale, officiellement, bien sûr pour condamner le racisme.

1980-1995 : Les entreprises américaines se dotent progressivement de codes de bonne conduite anti-discrimination. La judiciarisation croissante de la société américaine débouche sur une multiplication des procès pour discrimination à l'embauche, racisme dans les entreprises, etc. L'accusation de racisme devient finalement un véritable instrument de mise à mort sociale, dans toutes les institutions et particulièrement dans les entreprises.	1994 : Nouveau code pénal renforçant les sanctions pour tout délit raciste ou présumé tel. 2001/2002 : lois relatives à la répression des discriminations fondées sur l'appartenance raciale (entre autres). De fait, ces lois introduisent un principe de dissymétrie pénale latente entre catégorie de citoyens, puisque l'accusation de racisme ne sera retenue en pratique que contre les Blancs, sauf cas exceptionnel.
1992 : Émeutes de Los Angeles à la suite de l'affaire Rodney King, Noir battu par des policiers blancs. Les émeutes sont en partie la conséquence du désespoir qui monte dans la population pauvre (noire ou non), victime du néolibéralisme.	2005 : Émeutes mi-sociales, mi-ethniques dans les banlieues françaises à la suite de la mort de deux « jeunes » poursuivis par la police. Les émeutes ont été sans doute favorisées par une provocation de Nicolas Sarkozy, futur Président.
1995-2008 : Dans les universités américaines (en plein effondrement sur le plan du niveau général), la chasse aux racistes remplace la chasse aux sorcières ! Dans les entreprises (en plein effondrement sur le plan de la productivité réelle), c'est la	2006 : Création de la Haute Autorité de Lutte contre les Discriminations et pour l'Egalité (HALDE). L'État français au bord de la faillite a encore la force de financer ce « gadget », et l'antiracisme, pratiquement une religion d'État, se dote d'une Sainte

même chose ou presque. La société américaine construit inconsciemment un surcodage du réel, pour expliquer l'échec de l'intégration des Noirs, et évacuer le Mal comme on aime le faire dans un vieux pays parpaillot !	Inquisition, comme on les aime dans un vieux pays catho !
2008 : Lors de son discours inaugural, le président Obama lie explicitement la défense du multiculturalisme et de l'antiracisme à celle de la « démocratie de marché ». L'antiracisme, au départ idéologie de diversion, est devenu une idéologie dominante *pure et dure*.	En France, nous n'en sommes pas encore là, même si on s'en approche tout doucement...

*

En somme, bien des faits saillants rapprochent l'histoire de l'antiracisme des deux côtés de l'Atlantique.

1°) Sur les acteurs de l'antiracisme

- L'influence juive, ou en tout cas d'origine juive, est indiscutablement *énorme* au sein de l'antiracisme. De Roger Hanin à BHL, de Stanley Kramer à Julien Dray, les intellectuels, politiques et artistes juifs sont omniprésents dans l'histoire de l'antiracisme – une réalité troublante, qu'il faut *analyser*. Les antisémites en déduisent que « les

Juifs » sont collectivement favorables à l'antiracisme : erreur de perspective évidente. En effet, si les Juifs sont très nombreux parmi les intellectuels antiracistes, les intellectuels antiracistes, eux, sont *ultra-minoritaires* parmi les Juifs.

- Et on commence à mieux comprendre quand on remarque qu'en même temps que l'antiracisme se déploie *comme idéologie de diversion à la lutte des classes*, le capitalisme se transforme en turbo-capitalisme totalement globalisé.

On observe ainsi, en France, que l'émergence de l'antiracisme doctrinaire correspond à la remise en cause des bases du consensus socialisant des trente glorieuses, exactement comme elle renvoie aux États-Unis au tout début du laminage de la middle-class. Or, on trouve beaucoup de Juifs dans les milieux de la Haute Banque – Haute Banque qui, précisément, organise en partie cette *guerre de classe*. De là à penser que les Big Jews de la haute finance ont stipendié certains de leurs coreligionnaires pour produire l'idéologie dominante, il n'y a qu'un pas – pas que le lecteur fera sans doute à ses risques et périls... un aller simple pour la XVII° chambre du Tribunal de la Seine, ça ne se refuse pas.

- Contrairement à ce que pensent les antisémites, l'antiracisme n'est donc pas une stratégie « des Juifs » (qui, dans leur écrasante majorité, en sont victimes au même titre que les autres Blancs), mais une stratégie de l'hyperclasse produite par le grand capital mondialisé, la classe dominante donc, qui a utilisé certains réseaux juifs pour recruter une classe associée à la domination (les miettes du gâteau), afin qu'elle produise l'idéologie dominante. Et mon lecteur mal embouché remarquera sans doute ici que je ne fais, au fond, que reprendre l'analyse classique sur la place de l'idéologie dans le capitalisme : elle est le produit d'une classe qui n'est pas dominante, mais associée à la domination, et qui, pour prix de cette association, doit construire un appareillage théorique permettant de cautionner la situation prépondérante de la classe dominante. Héhé, Tonton Karl avait tout compris. Encore un Juif, tiens !

- On remarquera, détail qui parle en faveur de cette thèse, que le mouvement général conduisant d'une société ethniquement homogène (Europe) ou de ségrégation (USA) à un « salad bowl » multiculturel a été marqué par des retours en arrière partiels, souvent sous l'impulsion des groupes de droite *les plus liés à la haute bourgeoisie nationale enracinée* (gaullistes en France, paléoconservateurs américains) – retours en arrière qui ont toujours été surmontés par le double travail des groupes de gauche *internationalistes* (trotskistes en particulier), gauche dont la vocation a été de construire un discours « progressiste » *ignorant ou singeant la lutte des classes*, et des groupes de droite *mondialiste* (droite libérale) liés, officiellement ou non, au capital globalisé – une main lave l'autre.

2°) Sur les dynamiques de l'antiracisme

Des deux côtés de l'Atlantique, les personnages clés de la tartufferie antiraciste sont les mêmes, et fonctionnent de la même manière – mais comme les sociétés dans lesquelles ils s'insèrent diffèrent profondément, quelques spécificités nationales sont observables.

- L'impulsion fondamentale de l'antiracisme, comme il a été dit précédemment à propos de l'hystérie Shoah, vient de la *Précieuse*.

Cette *Précieuse* est à peu près la même en Amérique et en Europe : c'est l'occidental surchargé de culpabilité, qui s'achète une bonne conscience en s'abstenant d'être raciste. Exactement comme la Magdelon de Molière, c'est donc un privilégié qui veut ignorer ses privilèges : c'est le consommateur occidental qui s'achète quatorze paires de pompes parce qu'elles ne sont pas chères, sans réfléchir que si elles sont bon marché, ces satanées pompes, c'est parce que les chtites ouvrières chinoises bossent quinze heures par jour pour un salaire de misère.

Tout à fait comme chez Molière, cette Magdelon va construire un monde artificiel, où la domination prend une forme ritualisée : les figures de l'antiracisme ressemblent énormément aux bonnes vieilles figures coloniales, à ce détail près qu'elles se veulent moralement justifiées en tant que *compensations* à la domination. L'animateur SOS-Racisme, type Julien Dray, est en réalité un colon, chargé d'encadrer les populations ethniquement extra-européennes pour les inscrire dans l'ordre maîtrisé par le capital occidental – la différence avec les colons de jadis étant qu'au lieu de faire « suer le burnou » dans le cadre d'un capitalisme fondé sur la production, l'animateur antiraciste présenta comme un progrès pour l'immigré de porter un teeshirt Nike, *jusqu'à ce qu'il se sente libéré par son insertion dans les structures du consumérisme.* Coup double pour la *Précieuse* : non seulement elle domine, mais en plus, elle le fait au nom du bien des dominés eux-mêmes (figure fondamentale du pouvoir féminin : *si je te casse les couilles, c'est pour ton bien*).

Cette *Précieuse* antiraciste constitue le gros des troupes de Tartuffe. Elle manipule des *dupes*, les Noirs, arabes et autres « discriminés structurels », que le discours antiraciste enferme dans une posture d'infériorité profondément intériorisée, et opprime à titre compensatoire des *victimes*, les petits Blancs, écrasés par le système capitaliste, et simultanément chargés de tous les maux, au motif que leur couleur de peau serait le symbole de l'oppression dont ils sont, en réalité, des victimes parmi d'autres.

- La complexité des dynamiques sous-jacentes à l'antiracisme *français* est que sur cette préciosité (hystérie compensatoire) instrumentalisée par le Tartuffe capitaliste (calculateur et oppressif), s'est greffée une stratégie opportuniste de la part d'une classe sociale spécifiquement française. Cette stratégie, qu'on pourrait voir comme une « turquerie » *calculatrice et compensatoire*, a été le fait de la *bureaucratie d'État française*, et elle a visé à fabriquer une pseudo-identité « républicaine », purement étatique, distincte de l'identité française traditionnelle, en vue de reconstruire une justification à la mainmise de l'État sur la société, alors que la mondialisation économique avait largement ôté la réalité du contrôle de l'infrastructure à la « noblesse d'État » énarchique.

C'est pourquoi, en France, l'antiracisme a été récupéré progressivement par un appareil d'État d'une lourdeur exceptionnelle, en particulier *dans l'Education Nationale* – une institution qui, jadis, se donnait pour tâche de transmettre des connaissances, et se préoccupe maintenant principalement de fabriquer de futurs « citoyens du monde », le monde en l'occurrence étant réduit aux frontières de « l'hexagone ». Il y a là une amusante curiosité ethnographique française : c'est peut-être le seul domaine où nous sommes parvenus à rattraper et même dépasser les Américains, en matière de délire appliqué.

Pour le lecteur qui se souvient de la structure décrite par Molière dans son « Bourgeois gentilhomme » : le Tartuffe étatique a engagé une meute de Dorante particulièrement gratinés pour « vendre » une turquerie totalement absurde. En l'occurrence, la fonction de la turquerie est de donner l'impression au prof Jourdain qu'il se justifie encore au regard du critère de l'utilité sociale, tout en cachant la véritable finalité de l'opération : il est intéressant de noter, en effet, que l'écrasement général du niveau a été organisé, sans qu'il ne soit jamais dit *explicitement* qu'il s'agissait de transformer l'Education Nationale en service de mise en conformité sociale des futures générations. L'invraisemblable jargon dont s'entoure l'institution, depuis quelques années, s'explique précisément par le besoin de dissimuler à Jourdain la vraie nature de la cérémonie à laquelle il participe. Pour bien comprendre, mon lecteur adoré n'a qu'à reprendre le Bourgeois Gentilhomme du génial Molière : qu'il remplace Dorante par un pédagogue institutionnel, Jourdain par un petit prof en banlieue, Dorimène par l'autorité symbolique de l'enseignant, et Cléonte par le jeune Français « issu de l'immigration ». Le compte y est.

- Cependant, fondamentalement, au-delà de la préciosité de l'occidental à bonne conscience, au-delà de la tartufferie du capitaliste tout content de se doter à peu de frais d'une idéologie de diversion, au-delà de la turquerie bouffonne de l'antiraciste institutionnel à la Française, l'issue du discours antiraciste, en France comme aux USA, est la *chasse aux sorcières*. Et là, ça peut devenir très méchant.

Des deux côtés de l'Atlantique, on observe le même phénomène : l'antiracisme se trouve progressivement entraîné vers le développement extrême de ses logiques propres, et cela sous son propre poids. Il se trouve en effet que la diversion idéologique *ne peut fonctionner que si elle est sans cesse renouvelée*. Une fois qu'un certain niveau de revendication a été satisfait, il devient nécessaire de créer de nouvelles attentes pour pouvoir prolonger la dynamique. D'où un discours général qu'on pourrait résumer ainsi : l'égalité n'est *jamais* réalisée, donc l'inégalité est *toujours* à combattre, donc il faut *sans cesse* renforcer les privilèges compensatoires des « minorités opprimées » – jusqu'au moment où ils ne sont plus du tout compensatoires, mais bel et bien *oppressifs*. L'idéologie antiraciste finit donc par fabriquer le problème qu'elle combat, parce qu'elle doit sans cesse se renforcer, se durcir, jusqu'à se transmuer en véritable totalitarisme – en idéologie centrale, dogmatique, indiscutable.

Et voilà : quand un politiquement correct hystérique compensatoire (la Précieuse) devient hystérique et oppressif par l'intermédiaire d'une tartufferie, ce qu'on obtient, c'est la chasse aux sorcières. *Spontanément.*

Où l'auteur confesse humblement qu'il n'est pas une femme

Nous avons fini, ô mon lecteur adoré, la première partie de notre travail. La cartographie est faite.

Pour la peine, on va encore s'octroyer un moment de misogynie.

À côté de l'instrumentalisation de la question raciale, une autre problématique est en effet l'objet des attentions de nos modernes Tartuffe : la question sexuelle.

Question qui monte en puissance, progressivement, du début du XX° siècle (mouvement des suffragettes) jusqu'aux lois sur la parité (discrimination positive sur une base sexuelle). Et question qui, pour de multiples raisons dont nous allons parler très bientôt, n'a pas fini de monter en puissance.

Mais d'abord et pour comprendre de quoi l'on parle, refaisons donc l'historique du féminisme. Un féminisme, aujourd'hui ultra-politiquement correct, qui, comme on va le voir tout de suite, héberge une grande complexité interne.

*

Au commencement était le couple. Parce que la cellule de base de toute société, nécessairement, c'est un homme et une femme. Les enfants viennent ensuite (en principe), et le tout forme une famille. On peut certes imaginer des variantes. Mais ces variantes ne peuvent finalement que recombiner la structure de base. Jusqu'à nouvel ordre, le moment où l'humanité se perpétue, c'est : un homme et une femme. C'est là un fondamental si évident, si incontournable, que les forces acharnées à le nier ne peuvent que s'exaspérer indéfiniment.

Or, au sein de cet inévitable *couple*, il y a toujours un *rapport de forces*. Ce rapport de forces, si tout se passe bien, est négocié. Il n'est pas nécessairement conflictuel. En gros, il devient conflictuel quand la négociation devient impossible.

Or donc, dans les sociétés traditionnelles, c'est-à-dire avant que la technologie libère les femmes du poids de la reproduction (suppression des fièvres post-accouchement, suppression du temps des relevailles) et modifie le rapport des hommes à la production (disqualification du corps musculaire, survalorisation des fonctions cérébrales), le rapport de force est si directement induit par le corps que la négociation dans le couple est largement *pré-cadrée* : l'homme apporte ses muscles, la femme son ventre. À partir de là, on sait qui commande hors de la maison (monsieur, qui peut casser la gueule aux malveillants et doit cultiver le champ) et qui commande à l'intérieur de la maison (madame, puisqu'elle est en charge des enfants, capital économique fondamental). Il n'y a donc pas lieu de discuter beaucoup sur le qui fait quoi. Dès le départ, on sait plus ou moins comment ça va fonctionner, entre monsieur et madame.

Pendant longtemps et pour presque tout le monde, il en fut ainsi.

Et puis, les ennuis commencèrent.

À partir du XVII° siècle et au départ seulement dans les classes supérieures, la relation homme/femme entre en crise. C'est l'époque des Précieuses (groupe social très restreint), que Molière décrit si férocement, et qui constitue en quelque sorte un féminisme réduit au 0,1 % de la population *qui a déjà perdu le rapport naturel à la production et à la reproduction* (développement des nourrices, disqualification progressive de l'aristocrate sur le plan militaire).

Autre constat intéressant : la précieuse ne valorise pas *toutes* les caractéristiques du féminin. Elle met en avant sa capacité de séduction et d'intrigue – soit les instruments du pouvoir de la *jeune fille* comme type social. Elle laisse en revanche en retrait sa capacité de *procréation* – les Précieuses de Molière se pensent comme les femmes qui peuvent se jouer des valets déguisés en maîtres, et ainsi cessent de se voir comme les femmes qui pourraient donner des enfants aux maîtres des valets. La guerre des sexes ouvre la porte à une guerre *d'une part de la femme contre une autre part de la femme*.

La sorcière contre *maman*.

Haha. On progresse, on dirait.

Revenons à nos brebis.

Après la Révolution Française, la bourgeoisie prend l'ascendant sur l'aristocratie, et une nouvelle classe dominante va imprimer ses représentations propres à la question sexuelle – représentations qui, dans un premier temps, vont remettre le rapport homme/femme *à l'endroit*.

En effet, à la différence de l'aristocrate émasculé du XVIII° siècle, le bourgeois est encore, au début du XIX° siècle, un dominant en ascension. Et l'on observe dans la bourgeoisie d'alors une nette soumission symbolique du féminin au masculin (ce qui n'implique pas forcément la soumission des femmes aux hommes, confère Balzac, « Le colonel Chabert » ou « Le père Goriot »). Cependant, la domination masculine prend, sous le règne de la bourgeoisie, des caractéristiques différentes de celles qu'elle possédait dans l'aristocratie d'Ancien Régime. Le bourgeois du XIX° siècle impose en effet non la prééminence de valeurs viriles naturelles (la guerre, la chasse), mais celle de valeurs pseudo-viriles artificielles, secrétées par les exigences du capitalisme (la rationalité, le calcul, l'efficacité).

Il en découle une schizophrénie latente du masculin dans les classes supérieures, tiraillé entre son corps (fait pour l'effort musculaire et le combat, mais engoncé dans le triste habit noir du bourgeois) et son esprit (de plus en plus déconnecté du corps, de plus en plus tourné vers la rationalité abstraite des processus de production capitalistes). Le féminin, par opposition, apparaît à partir de la fin du XIX° siècle comme le lieu symbolique de réconciliation avec le corps (c'est le mannequin vivant, sur lequel le bourgeois projette symboliquement sa fortune, par l'étalage des bijoux). Ainsi, au XIX° siècle, dans les classes supérieures, le masculin ne va pas si bien qu'il cherche à le faire croire, et le corps féminin commence déjà secrètement à s'imposer comme image du corps humain *par excellence*.

Jusque-là, on le remarquera, toutes ces évolutions sont restées circonscrites pour l'essentiel aux 5 % constitutifs des classes supérieures. Le reste de la population, sous l'angle des rapports entre les sexes, n'a pas évolué avant 1750, et peu entre 1750 et 1850. Au milieu du XIX° siècle, moins de 20 % des femmes exercent une activité économique distincte de l'activité domestique.

D'une manière générale, les exigences de la survie biologiques continuent à imprégner une grande partie de la population. Un ouvrier doit bosser sa journée juste pour acheter le pain et le chaudron de soupe de la famille, les trois quarts de son salaire passent en boustifaille, et pourtant il ne fait pas bombance : le bol alimentaire quotidien plafonne à 2.300 calories par personne pour le populo.

Moralité, les pauvres, à l'époque, n'ont tout simplement pas *le temps* de livrer la guerre des sexes. L'espérance de vie à la naissance est de quarante ans. Même si ça commence à aller un peu mieux qu'au bon vieux temps qui n'avait rien de bon, il faut, dans les ménages pauvres, encore faire quatre enfants pour être sûr d'en conduire au moins deux à l'âge adulte. Et faire un enfant, c'est à l'époque, pour une femme, prendre un risque : les fièvres puerpérales emportent, chaque année, des milliers de Françaises. Où voudriez-vous que ces femmes-là, qui se battent pour la survie, trouvent le temps de se la jouer féministes ? La femme, c'est *maman*.

Exemple littéraire : le Germinal de Zola. Vous imaginez la Maheude, la mère de famille ouvrière, en train de s'interroger sur la condition féminine, et suis-je plus ou moins « privilégiée » que mon homme ? – Soyons sérieux, la seule bonne femme qui se pose la question du rapport de force avec son matou, dans Germinal, c'est l'épouse du boss. Et pour cause : elle, elle a *le temps* de se poser des questions. La Maheude, il faut qu'elle s'occupe de la famille : quand elle ne travaille pas pour le bourgeois, elle travaille pour son foyer. Elle peut à la rigueur se révolter contre le bourgeois, qui il lui enlève le temps de s'occuper de son foyer. Mais se révolter contre son homme, elle n'en voit pas l'utilité. Il est son *compagnon de misère.*

Au début du XX° siècle, on en est encore à peu près là, pour l'essentiel de la population, quand apparaît le mouvement des *suffragettes.*

*

Entre 1900 et 1930, en Angleterre et aux États-Unis, « les femmes » se mirent à exister comme catégorie politique. Jusque-là, ce n'était pas le cas : on considérait que la femme était intellectuellement inférieure à l'homme quand il s'agissait des questions publiques, et l'on admettait donc qu'en conséquence, il valait mieux la tenir à distance des urnes. Les hommes de la bourgeoisie maintenaient ce principe parce qu'il servait de clef de voûte à une domination qui, comme expliqué précédemment, était déjà très fragilisée par la schizophrénie du mâle bourgeois. Et de l'autre côté de l'échiquier politique, la plupart des leaders du prolétariat s'en accommodaient très bien, parce qu'ils estimaient (pas tout à fait à tort au demeurant) que la femme, par nature plus prudente, plus portée au consensus, voterait « modéré » et pas « révolutionnaire ».

Cela dit, le mouvement des suffragettes est, au départ, plutôt légitime. La suffragette, c'est la jeune femme de la bourgeoisie qui réalise son aliénation (cf. chapitre 4), mais qui, au lieu de sombrer dans la préciosité, parce qu'elle est intelligente, prend les choses à bras le corps et tente de s'imposer *vraiment* dans l'espace politique. Preuve de cette cohérence, les profils des donzelles en question sont assez uniformes. Millicent Fawcett, Emmeline Pankhurst, Kate Sheppard : les grandes suffragettes historiques sont généralement issues de la petite ou moyenne bourgeoisie, et presque toutes sont liées aux milieux libéraux, à ce vaste parti capitaliste des bonnes œuvres – *un parti qui sert alors, dans l'Empire britannique spoliateur de la moitié de la planète, de contrepoids au parti conservateur de Disraeli et compagnie.*

Ce positionnement ambigu de *progressisme de rechange* explique que le mouvement des suffragettes soit très vite *récupéré* par le système politico-financier à forte dimension maffieuse qui, dans le monde anglophone, domine sans partage dès la fin du XIX° siècle. Dans les années 1920, le propagandiste et publicitaire Edward Bernays conseille même aux puissances d'argent d'utiliser les femmes comme un réseau d'influence informel regroupant la moitié de la population, et il met en scène certaines actions des militantes féministes pour servir des causes qui n'ont a priori aucun rapport avec le féminisme. Exemple croustillant : faire fumer les femmes en public soi-disant pour défendre leur droit à le faire… et en réalité pour les plus grands profits de l'industrie du tabac, qui s'était offert Bernays comme spécialiste en *public relations* !

Dans la série tartufferie, un record.

*

L'anecdote est révélatrice, car elle dit la nature exacte du phénomène que nous décrivons aujourd'hui sous le libellé comique de « libération de la femme ».

Une « libération » en forme d'anéantissement.

Regardons ça de plus près, ô mon lecteur adoré, si tu veux bien.

Regardons en quoi consiste cette « libération ».

À partir de la Grande Guerre, l'entrée des femmes dans l'espace public constitue le fait sociologique le plus important de l'époque, et cela continue encore aujourd'hui. Le taux d'activité féminin a plus que doublé en un siècle. Il y a aujourd'hui en France 7 ou 8 millions de femmes qui exercent une activité salariée, et qui ne travailleraient pas si notre société avait conservé la structure du XIX° siècle. C'est ce qu'on appelle la libération économique de la femme.

Est-ce une libération ? Pas du tout. Il serait temps de se souvenir que le salariat n'est rien d'autre que la forme contemporaine du servage. Du point de vue du Capital, la femme est tout simplement devenue un *esclave sous contrat* comme les autres – voilà à quoi, concrètement, se réduit la « libération de la femme » induite par son entrée massive dans le salariat.

Ainsi apparaît derrière le féminisme un premier couple étrange et bien caractéristique du politiquement correct calculateur, Dorante/Jourdain plus que Tartuffe/Orgon, et qui associe le Capital (dans le rôle de Dorante) à la bourgeoise émancipée (la bourgeoise gentilhomme !) dans le rôle de Jourdain – couple Dorante/Jourdain dont la Dorimène symbolique est le statut de sujet autonome (statut qui, dans le système capitaliste, n'est promis qu'aux maîtres du Capital), et qui confie au mâle prolétaire le rôle de la victime (Cléonte), *un opprimé social qu'on va réputer oppresseur sexuel pour pouvoir continuer à l'opprimer socialement.*

On remarquera que dans l'histoire, la « bourgeoise gentilhomme » *a cessé d'être une femme.*

Sous cet angle et contrairement à ce qu'on pourrait croire, le féminisme apparaît bien comme une turquerie plus que comme une préciosité. Paradoxalement, ce mouvement au départ féminin ne s'est pas directement transmué en un politiquement correct de type hystérique. C'est au contraire au départ un calcul compensatoire particulièrement *froid.*

La « libération de la femme », nous dit-on, c'est aussi la disparition quasi-complète de son rôle traditionnel dans le ménage – rôle dont elle serait, donc, « libérée » :

- d'abord avec la réduction très importante des tâches ménagères (électroménager, qui a généralisé la condition de la bourgeoise avec employée de maison à l'ensemble des classes moyennes et populaires, la machine à laver jouant le rôle de l'employée de maison),

- ensuite avec la fin de « l'enfermement » de la femme dans son rôle de mère de famille, non que les femmes cessent nécessairement d'être mères, mais parce que même celles qui le deviennent cessent de se définir prioritairement comme telles. Le capitalisme est en train d'avaler *maman.* Je vous rappelle à ce propos que quand on vous parle de la « croissance du PIB », on met dedans non seulement le salaire de l'ex-mère au foyer qui bosse pour un patron, mais aussi celui de l'employée de la crèche qui garde les enfants. CQFD.

En somme, la « libération » n'en est pas une. L'aliénation de la femme résulte d'abord de l'exclusion du cycle de la production *vitale*, de l'impossibilité de participer symboliquement à la construction de la conscience humaine collective par l'accomplissement de sa tâche *naturelle*. En sortant la femme de son rôle traditionnel dans le ménage, la soi-disant « libération » n'a fait que renforcer sans cesse ce processus d'aliénation : même à la maison, madame a cessé de participer de la construction du devenir humain, elle n'a plus de devenir à accomplir, en fait elle n'a même plus d'être, elle n'est plus qu'un avoir (fringues constamment démodées, maquillage *trendy*, et autres niaiseries faites pour que la petite-bourgeoise flambe son pognon au lieu d'élever des gosses et de rendre un homme heureux).

Nos compagnes sont les Jourdain d'une belle turquerie.

La vérité est que beaucoup de femmes, aujourd'hui, ne savent littéralement plus où elles en sont – en particulier les soi-disant célibattantes, qui ne célibattent pas grand-chose, crois-moi. Elles en souffrent beaucoup de leur fausse libération, les donzelles. Sur le plan affectif bien sûr (imaginez la *condition sentimentale* d'une fille moche et fauchée, dans notre société du fric et du paraître), mais aussi sur le plan *charnel* (pour un homme, l'enfant absent, c'est est un gnome qui n'encombre pas la maison ; pour une femme, c'est un accomplissement *manqué*).

Sous cet angle, la femme normalement constituée est une *victime* du mirage féministe. Le féminisme contemporain n'est évidemment pas responsable du développement de l'électroménager (même s'il a parfois servi d'argument publicitaire à des fabricants d'électroménager), mais il a en revanche tout à voir avec la destruction de la famille, et plus particulièrement avec *l'effacement du rôle de la mère.*

Où l'auteur s'inquiète parce qu'à Sodome, ça se termine mal

À ce point de l'analyse, le lecteur attentif a bien sûr discerné le schéma répétitif, qui admet des variantes nombreuses, sans doute, et parfois fort subtiles, mais qui semble bel et bien courir en filigrane derrière *toutes* les formes du politiquement correct contemporain. Ce schéma général se déroule au fond toujours en quatre temps :

Temps 1 : Expression d'une sensibilité compensatoire, souvent honnête mais maladroite (malaise du baby-boom, ras-le-bol des victimes du racisme, volonté des femmes de se voir reconnaître une authentique autonomie).

Temps 2 : Détection et récupération de cette sensibilité compensatoire par des acteurs agissant à un niveau supérieur, tant sur le plan de la réflexion que sur celui des capacités d'action. Généralement, ces acteurs sont liés aux structures de la domination économique ou politique (shoah business utilisé par la propagande sioniste, puis récupéré par François Mitterrand dans le cadre d'une entreprise de culpabilisation des opposants potentiels ; utilisation cynique de l'antiracisme pour racialiser les questions sociales ; récupération tous azimuts du féminisme pour fabriquer un pseudo-progressisme de substitution et mettre les donzelles au boulot, ce qui laisse l'éducation des enfants à l'État…).

Temps 3 : Transformation progressive de la sensibilité compensatoire (préciosité, turquerie) en sensibilité oppressive et calculatoire (tartufferie), au fur et à mesure que pour pouvoir continuer à instrumentaliser ses dupes contre ses victimes, le Tartuffe est obligé de pousser toujours plus loin les logiques qui ont amorcé sa récupération (loi Gayssot sanctuarisant la « shoah », discrimination positive de plus en plus tatillonne et injuste, déstructuration perverse de la psyché féminine par le féminisme tendance « business »).

Temps 4 : Sous l'effet de sa dérive, la sensibilité compensatoire instrumentalisée par la démarche calculatoire devient de plus en plus irrationnelle, et de plus en plus hystérique. Cette hystérie croissante finit par déborder du cadre où Tartuffe, avait, au départ, voulu enfermer les dupes qu'il manipulait. Une chasse aux sorcières s'enclenche, plus ou moins contrôlée par un Tartuffe qui se fait Puritain (hystérie « shoah » à partir de 1995 en France, hystérie « antiraciste » avec la HALDE à partir de 2005, hystérie tout court avec le féminisme extrémiste, « féminisateur », qui se déploie progressivement aux USA à partir des années 80, puis en Europe à partir de la fin des années 1990).

Conviens-en, mon camarade : ce schéma général est parfaitement *logique*. Il ne résulte que très partiellement des choix des acteurs. L'hystérie compensatoire des baby-boomers ne pouvait pas ne pas être, étant donné les conditions dans lesquelles cette génération, à fois protégée et aliénée, est entrée dans une Histoire qu'elle ne pouvait ni faire ni refaire. Il était parfaitement logique aussi que cette hystérie compensatoire, cette « préciosité » donc, incorpore des « turqueries » annexes, comme l'antiracisme qui permet au bourgeois consommateur occidental d'opprimer les pauvres, tout en se donnant l'air de libérer les pauvres noirs. L'ensemble formé par ces « turqueries » confédérées, réunies autour d'une atmosphère générale de « préciosité », constituait enfin une donne que les pouvoirs politiques et économiques ne pouvaient que souhaiter, et donc que renforcer, et dont l'instrumentalisation tartuffesque était parfaitement prévisible.

Moralité : il existe des affinités électives entre les diverses formes du « politiquement correct ». Il ne peut pas ne pas y avoir de rapprochements spontanés et inconscients entre Tartuffe et Dorante, et si Tartuffe sévit trop longtemps, il est inéluctable qu'il transforme Magdelon la précieuse en Abigail la sorcière, et il est naturel encore qu'il fasse de monsieur Jourdain, le bourgeois gentilhomme, un parfait client pour le Puritain.

Vraiment, le politiquement correct est un *continuum* – un continuum que nous avons, jusqu'ici, artificiellement compartimenté pour mieux pouvoir l'analyser. Entre l'hystérie « shoah » et l'antiracisme hystérique, entre l'hypocrisie pseudo-antiraciste et le pseudo-féminisme hypocrite, il existe, dirait-on, plus qu'une concomitance fortuite de moyens, de méthodes et de motivation. Il existe une unité sous-jacente, quelque chose qui est sous toutes ces formes du politiquement correct, et qui agit à travers elle, sans jamais complètement se dévoiler.

Il est temps, à présent, à présent que la phase d'analyse touche à sa fin, de nous approcher de la synthèse.

Il est temps de parler du principe d'unité derrière le politique correct.

Il est temps de parler du *Satan*.

*

Le féminisme est intéressant à étudier sous l'angle des mécanismes psychosociologiques que ses dérives actuelles engendrent. On touche là à la racine de la sensibilité « PC » – et c'est sans doute par le féminisme que nous pouvons le plus facilement comprendre en quoi réside cette unité du politiquement correct, cette unité dont les multiples manifestations procèdent, sans que nous parvenions en temps normal à comprendre *comment* elles en procèdent. Ainsi donc, comme d'habitude, c'est dans la part féminine de l'humanité que s'agitent les forces les plus violentes, les plus puissantes, et aussi les plus secrètes.

Forces qui modèlent la société de manière subreptice et irrésistible, mon camarade. Les hommes font l'Histoire, mais les femmes font les hommes. Adam croque la pomme, mais Eve la cueille. La femme est l'ennemie du serpent, mais elle n'est son ennemie que parce qu'il l'a d'abord *dupée*. Depuis le début, tout ceci était *écrit*.

Regardons le féminisme tel qu'il *est*.

Une certaine forme d'hystérie féminisante se répand progressivement, depuis deux décennies, à travers nos sociétés *ridicules*. On en est à féminiser les noms – comme si l'on pensait que le nom définit le genre de l'être, au lieu que ce soit le genre de l'être qui définisse celui du nom – au lieu, aussi, d'admettre que certains être ne sont pas *genrés*. On dira auteure pour parler d'une femme qui écrit, procureure pour une femme magistrat, etc. On attend sous peu la redéfinition du sexe jadis faible : la race des seigneures.

Ce qui est très frappant, dans cette entreprise de féminisation du vocabulaire, c'est que la démarche aboutit à *sexuer* ce qui ne l'était pas a priori. En d'autres termes, sous prétexte d'éviter la réduction de l'humain au masculin, on interdit la fusion de l'humain, on le *divise en deux* systématiquement sur le plan symbolique.

La meilleure preuve que cette démarche n'est pas saine, c'est qu'elle ne cesse d'engendrer des fruits malsains. La parité, imposée en France pour assurer une mythique « égalité homme-femme » dans la sphère politique, débouche sur une absurdité : les trois quarts des militants politiques sont des hommes, pourquoi faudrait-il que la moitié des élus soient des élues ? La « parité homme-femme », lancée sous couvert d'égalité, débouche sur une inégalité radicale au sein des groupes militants. Pourquoi ne l'a-t-on pas vu ? Pourquoi n'a-t-on pas voulu le voir ?

Pour libérer les femmes ? Pff, on a vu ce qu'il fallait en penser.

Alors, *de quoi s'agit-il ?*

Quelqu'un, « on » est derrière tout cela. « On », c'est-à-dire les véritables décideurs, *les hommes de pouvoir*.

Où l'on reparle du Puritain.

*

Le pouvoir, mon camarade, c'est la mort. C'est sa nature. Pas seulement parce qu'il peut tuer physiquement, pas seulement parce qu'on tue pour lui.

Le lien entre le pouvoir et la mort est beaucoup plus profond que cela, il est du même ordre que le lien symétrique qui est tissé par le livre avec la vie. C'est un lien structurel, c'est-à-dire un lien induit par la structure même des phénomènes. Exactement comme le livre organise dans la parole un être cohérent à l'intérieur d'un espace délimité, la vie consiste à bâtir une cohérence dans la matière, à l'intérieur d'un volume pourvu d'une peau, d'une écorce, d'une enveloppe qui distingue le dedans organique du dehors irrémédiablement chaotique. Et tout à fait comme la mort est l'instant où le dedans organique est à son tour abandonné à son entropie spontanée, le pouvoir est l'instant où l'être cesse de s'auto-organiser. L'acte fondateur du pouvoir est *toujours* négateur de la capacité d'auto-organisation de celui qui le subit, exactement comme l'acte de meurtre, l'acte de poignarder par exemple, perce la peau, l'écorce, la frontière entre le dedans organique et le dehors chaotique. Le pouvoir est une contre-force au *sens*, par nature. Un pouvoir qui cesse de nier le sens est un pouvoir que le sens a temporairement conquis – mais la lutte n'est jamais terminée, le livre et le pouvoir s'affrontent nécessairement, parce que le livre crée le sens, et parce que le pouvoir, toujours, le combat. Par essence, le pouvoir est lié à la mort et à l'affirmation de l'entropie contre l'ordre, il ne peut pas être autre chose.

Cette affirmation du chaos peut prendre *deux* formes. Le pouvoir peut être masculin ou féminin :

- Le pouvoir masculin renvoie au référent paternel. C'est le pouvoir phallique. La négation de la cohérence d'autrui procède alors de la pénétration de son être par l'être de celui qui le domine. Il n'est nul besoin de commenter, tout le monde a compris en quoi consiste l'affaire.

- Le pouvoir féminin renvoie, lui, au référent *maternel*. C'est le pouvoir vaginal, c'est-à-dire, pardon mon lecteur bichonné pour ces considérations physiologiques, le pouvoir de ce qui donne accès à l'utérus. La négation de la cohérence d'autrui procède cette fois non de la pénétration, mais du *rattachement*. La peau de l'autre n'est pas niée en cela qu'elle est percée, mais en ceci que l'autre est *inclus* dans la peau de celui (celle) qui le domine.

Or donc, et voici que se profile le sous-jacent unique du « PC », le schéma général du politiquement correct contemporain, comme d'ailleurs de tous les « politiquement corrects » qui se sont succédé dans l'Histoire, procède fondamentalement de la méthode, des buts et des symboles du pouvoir *féminin* :

- La méthode du politiquement correct consiste non à contraindre l'autre, mais à le faire vouloir ce que l'on veut qu'il veuille. C'est un viol mental subtil, plus pervers que violent. « Obéis-moi parce que je peux pénétrer ta peau et détruire ta cohérence interne », dit le pouvoir phallique, violent et direct. « Obéis-moi parce que je te commande pour ton bien », dit le pouvoir utérin, pervers et indirect.

- Le but du politiquement correct consiste non à détruire la cohérence interne de l'autre, et pas davantage à démontrer qu'on peut la détruire. Le but est d'inclure la cohérence interne de l'autre dans une cohérence construite par le dominant, pour détruire l'autonomie du dominé en lui ôtant jusqu'à la possibilité de la souhaiter. La *peau de l'autre* est alors niée parce qu'elle ne sépare plus un ordre autonome du chaos, mais un ordre hétéronome d'un ordre plus grand, qui l'inclut et rend donc toute séparation inopérante. L'autre, dit le pouvoir masculin, n'existe pas parce que rien n'existe hors de mon phallus. L'autre, dit le pouvoir féminin, n'existe pas parce que son phallus est incorporé en moi, sa substance est *avalée* par la mienne.

- Les symboles du pouvoir féminin sont omniprésent dans le discours féministe, et d'une manière générale dans *tous* les discours politiquement corrects contemporains. La maternisation du citoyen consommateur l'habitue à s'inscrire dans une relation de dépendance consentie à l'égard de la superstructure politique et de l'infrastructure économique capitaliste. Les échéances électorales ne sont pas structurées par l'opposition de projets de société, mais par la concurrence entre des *offres d'avantages*. La gauche social-démocrate et la droite libérale se retrouvent tout à fait sur une conception commune de l'électeur comme enfant capricieux, *à enfermer dans le bien-être*. La communication publicitaire, qui sature l'espace social à un point inouï, sans commune mesure avec les propagandes totalitaires du XX° siècle, est constamment régressive, hédoniste et infantilisante. Cette communication publicitaire est sans doute issue des structures du capitalisme le plus libéral, mais en pratique, les valeurs qu'elle répand sont caractéristique du socialisme mollasson – l'adulte est désormais traité comme un bébé geignard, que maman-État, maman-Grande Entreprise, maman-machine productive/consumériste doit constamment alimenter par le lait qui coule de sa généreuse poitrine.

En somme, Maman-État capitaliste est en train de prendre la place de maman tout court.

Et la différence entre les deux mamans, c'est que maman tout court fabrique des êtres autonomes – c'est son rôle de mère, elle crée des enfants à qui elle transmet ce *bon sens*, cette aptitude à la *synthèse*, à la *cohérence*, qui caractérise *maman*. Alors que maman-État capitaliste veut des « monsieur Jourdain » incapables de *faire la synthèse* – parfaits clients pour le « PC ».

Tu commences à voir où je veux en venir, mon camarade ?

Je suis sûr que tu vois.

Cette négation de l'autonomie de l'autre au nom du bien, par inclusion et non par pénétration, rappelle étrangement la sorcellerie, dont Arthur Miller, dans la pièce précédemment analysée, établit clairement qu'elle est effectivement à l'origine de la chasse aux sorcières – non que le Diable se promène dans Salem, évidemment, mais parce que c'est une « sorcière » qui lance le mouvement, en accusant son entourage de sorcellerie. Le point de départ du récit de Miller est une cérémonie d'envoûtement, au cours de laquelle Abigail, l'apprentie sorcière, fait ce qu'elle ne devrait pas faire : elle verse le sang d'un poulet sacrifié, elle en boit le sang, en appelant à la mort de la femme dont elle convoite le mari. Ce geste est symbolique de la part d'ombre du pouvoir féminin – on y trouve tout ce qui fait que les femmes font peur : un lien secret entre la séduction et le meurtre.

Maman a donné la vie, et ainsi créé la cohérence de l'être.

Donc, elle aurait pu ne pas le faire, et donc nier la cohérence, rendre impossible la synthèse.

Où l'on comprend pourquoi l'avortement a été un *combat féministe*.

Mon lecteur adoré rira sans doute de l'argument, mais je ne résiste pas à la tentation, on a bien le droit de s'amuser : comment ne pas remarquer que la propagation du politiquement correct féministe s'accompagne d'une grave crise dans l'économie érotique ? Comparons le porno des années 70 et celui d'aujourd'hui, c'est instructif. Dans les 70's, le porno était plutôt vaginal, doux et festif. Partouze entre adultes consentants, femmes « libérées », quelques fellations ici ou là, mais dans l'ensemble, une sexualité étonnamment peu perverse – je veux dire : étonnamment peu perverse pour un *spectacle*. Aujourd'hui, le porno est oral et anal, dur et violent. Les arguments du porno contemporain sont la revanche du masculin par la sexualité anale (la femme mime un mélange de souffrance et de jouissance, généralement l'homme l'insulte) et la performance orale imposée (le pénis enfoncé dans la bouche, comme si la femme *avalait* littéralement la verge, comme si l'homme voulait lui *traverser la tête*).

Mon lecteur préféré pense-t-il que ce durcissement de l'économie érotique du porno arrive par hasard au moment où, à travers le féminisme, s'impose une conception *vaginale* du pouvoir ? Eh bien personnellement, je ne le pense pas. Je pense que la panique sexuelle contemporaine traduit dans l'économie du corps et du couple une réaction instinctive et non conceptualisée, une semi-conscience de l'oppression diffuse répandue par un pouvoir essentiellement féminin dans sa méthode.

Du porno comme *herméneutique de la sorcellerie*.

À travers les exemples drolatiques et tragiques que nous offre ce désastre contemporain, nous touchons, ô mon lecteur en sucre, aux racines de la démarche politiquement correcte. Je ne dirais pas que nous sommes à l'os, là, on en est encore loin. Il faudrait beaucoup plus de temps, de place, de talent aussi sans doute, pour dénuder complètement la machine à tuer l'esprit, pour lui ôter enfin tous les oripeaux dont elle s'est parée pour dissimuler sa nature.

Mais on commence à entrapercevoir le fond de l'affaire.

Le point commun de Tartuffe, de Dorante, de Magdelon et du Puritain, c'est qu'ils avalent l'autre. Ils l'enferment dans une toile d'araignée. Ils lui sucent la substance, par petit bout. Ils le confondent avec eux-mêmes. Tartuffe fait ça en colonisant l'esprit d'Orgon. Dorante en offrant une échappatoire à un être déjà colonisé. Magdelon mime l'absorption de l'autre, elle en fait un spectacle (la coquine). Quand au Puritain, lui, il y va carrément, il conclut, le gars : il nie que l'autre puisse *être* (c'est plus simple).

Nom de Zeus, mais c'est quoi, ce truc qui mime la Mère pour nous faire réintégrer de force son ventre ? C'est quoi, ce truc qui veut nous bouffer, et qui le fait avec *douceur* ?

Voilà, mon lecteur adoré, mon camarade d'enquête, voilà j'en suis sûr, la question que tu te poses.

Patience. La réponse arrive.

Où l'auteur agresse son lecteur

Ce petit chapitre pour te mettre sur la voie. On va voir, espèce de feignasse, si tu vois vraiment où je veux en venir. Avec tous les indices que je t'ai donnés, ce serait dommage que tu n'aies pas compris tout seul !

Demandons-nous qui est le client du « PC », veux-tu ? Établissons son *signalement*.

L'homme politiquement correct est un esclave volontaire – *bénévole* serait peut-être plus exact, mais bref.

Il se soumet non parce qu'il est contraint, mais parce qu'il lui est devenu moins douloureux de se soumettre que de se révolter. Il n'est pas dans la servitude parce qu'il ne peut concrétiser une libre pensée, mais parce qu'il ne peut pas élaborer cette pensée libre. Il est serf dans sa tête, sa prison est avant tout mentale. Fils de soixante-huitards, il ne s'est jamais *constitué*.

Maman, voyez-vous, n'était pas là, quand il était petit, pour lui donner une *cohérence*.

Et quand elle était là, *Papa* était absent, qui aurait dû l'aider…

Résultat : le trait dominant d'*homo correctus*, indiscutablement, c'est la lâcheté. Une lâcheté assumée face à la vie adulte, face à la brutalité du réel, et qui l'amène à succomber constamment au pire infantilisme. Réfugié dans l'autisme mais capable de constituer une ligue avec les autres autistes, à travers la personne du maître à penser qui le cornaque, *homo correctus* est caractérisé par un subjectivisme extraordinaire, qu'il relie constamment, par une suite de tours de passe-passe, à un discours soi-disant objectif, puisque partagé par tous ses congénères. Par exemple, *homo correctus* est antiraciste, mais il veille à ne pas envoyer ses enfants dans une école fréquentée par les enfants d'immigrés subsahariens. Et il assume parfaitement cette contradiction, parce que tous ses amis se comportent de la même manière.

Homo correctus profite benoîtement des prix bas garantis par l'exploitation cynique de la main d'œuvre chinoise, mais il arbore fièrement son adhésion de principe au « commerce équitable ». Ce n'est pas seulement l'absence de culture économique et de réflexion sérieuse qui lui permet d'assumer cette incohérence, c'est aussi la conscience d'être conforme au modèle dominant, un modèle promu par un système médiatique qui est au cerveau d'*homo correctus* ce que le sein maternel est au tube digestif du nourrisson.

Homo correctus est contre le Mal et pour le Bien, par principe, mais il admet implicitement que le Mal et le Bien sont des catégories essentialisées, non discutables, *et dont la définition appartient à ses maîtres à penser.*

Homo correctus ne s'offusque pas que le discours soit un capital, car il ne le perçoit pas en tant que flux, en tant que processus, en tant que démarche, *en tant qu'effort*. En fait, *homo correctus* ne comprend pas ce qu'est le Verbe.

C'est un peu ça, je crois, son problème. On dirait bien, hein, que c'est ça ? Tu ne crois pas mon camarade ?

Homo correctus apparaît avant tout comme un individu complice de son propre asservissement, parce qu'il ne sait pas qu'il peut exister un monde au-delà des limites de cet asservissement. S'il joue les Orgon pour le premier Tartuffe venu, c'est parce que Tartuffe lui fait du bien : *il lui offre une substance qui lui manque*. N'est-ce pas, d'ailleurs, ce que Molière fait dire à ce brave bourgeois un peu crétin, à peine l'a-t-il mis sur scène ? Que Tartuffe *lui a offert de l'eau bénite* ?

Semblablement, si *homo correctus* se laisse arnaquer par Dorante, n'est-ce pas parce qu'il est incapable de construire cette cohérence de l'Etre, qui seule permet de préférer la vérité du livre à la séduction du pouvoir ? Est-ce un hasard si, au début du « Bourgeois Gentilhomme », Molière nous montre Jourdain incapable de *faire s'accorder* ses divers maîtres ?

Idem, si *homo correctus* est féministe, n'est-ce pas parce qu'inconsciemment, il veut régresser vers l'enfance, vers la sphère femelle, vers la relation fusionnelle à la mère ? C'est qu'il est lourd à porter, le phallus. Trop lourd pour *homo correctus*, qui ne peut assumer le conflit, qui ne peut opposer sa cohérence propre à l'incohérence de l'Etre, jusqu'à obliger l'Etre à retrouver sa cohérence – pour la bonne raison qu'il n'a pas de cohérence à opposer, il n'en oppose aucune. Souvenons-nous de Molière, qui fait dire à Mascarille, le valet déguisé en maître, lorsque son porteur le menace d'un coup de bâton : « Il est raisonnable. » Après quoi, il paye, parce qu'il n'a pas la paire de *couilles* qu'il faut pour refuser à un homme qui le menace. On ne saurait être plus explicite.

Au fond, *homo correctus* a envie de lécher les bottes du Puritain. Voilà le fond de l'affaire : il rêve de se faire embastiller, encaserner, enrégimenter, parce que dans une prison, dans une caserne, dans un régiment, il est dispensé de l'obligation de *penser*. La vérité, c'est qu'*homo correctus* adore que le Puritain ne lui laisse le choix qu'entre la potence et la soumission à un ensemble de règles toujours plus contraignantes.

Incroyable ? Pas du tout.

Les psychiatres spécialisés dans l'étude du milieu carcéral ont depuis longtemps isolé cette pathologie étrange, et pourtant très répandue chez les « longues peines » : le phénomène de « *prisonniérisation* ». Ce terme désigne le processus par lequel un détenu développe une identification paradoxale à son statut de prisonnier, souvent à travers la solidarité avec d'autres détenus, jusqu'à trouver une sorte de *satisfaction* dans le fait d'être incarcéré. Un prisonnier resté trop longtemps en prison se pense comme prisonnier – le fait d'être prisonnier est devenu inséparable de son *identité*. C'est pourquoi, aussi curieux que cela puisse paraître, il arrive que des « longues peines » soient stressés par leur libération. Le jour où on le libère, un « longue peine » n'a plus d'identité, *il n'est plus lui-même*. Il est aliéné par la disparition des formes précédentes de l'aliénation – aliénation maximale, certes, mais à laquelle il s'était adapté.

Homo correctus est une longue peine de la vie. Il n'est capable de se mobiliser que dans le cadre du discours formaté aimablement fourni par ses maîtres. Dépourvu de la cohérence interne qui lui permettrait d'opposer sa substance au monde, il est reconnaissant au monde de l'envahir, de nier *en douceur* l'enveloppe protectrice qui sépare son être de l'Etre. Incapable de porter le phallus, il se réfugie dans l'utérus symbolique d'une autorité *protectrice.*

*

C'est pourquoi, quand il a fini de se faire culpabiliser dans les grandes choses, shoah, racisme, machisme, notre *homo correctus* accepte bien volontiers de se faire menotter, encadrer, gouverner de la manière la plus tatillonne sur les petites choses.

Il râle, évidemment, quand on lui enlève des points sur son permis, quand la répression routière vire à l'absurde et qu'il en paye le prix. Mais au fond de lui-même, il aime cette oppression qui lui permet de râler et de ressentir le poids de *l'autorité,* substitut au poids, autrement plus redoutable, de *l'incohérence.* On lui offre la possibilité d'acheter des voitures qui roulent à 200 km/h, on limite la vitesse à 130 km/h, avec grosse fessée s'il dépasse la vitesse limite – et il achète la voiture, et il ne s'étonne pas qu'on lui donne les moyens de transgresser la règle, et il accepte la fessée qu'on lui donne ensuite – et en plus, il nie quand on lui dit qu'il est maso !

Il se fait fiche une contravention pour avoir fumé dans un lieu public. Même chose : on lui vend le tabac, il fume, on l'engueule – et il en redemande ! Il évolue dans un monde sans profondeur, où son pauvre esprit se complaît parce que l'étroitesse de la prison mentale a, pour un esprit recroquevillé sur lui-même, quelque chose de rassurant. On lui annoncera demain qu'il peut être poursuivi en justice pour avoir traité un imbécile de « pédé ! » (insulte homophobe)... et il en redemandera.

D'une manière générale, Homo correctus adore que les noms des choses soient définis, stables – qu'on sache, surtout, ceux qu'il faut taire et ceux qu'il faut dire. Des bornes rassurantes, on roule entre et on n'a pas d'accident...

Pourquoi cette soumission ? Tout simplement parce que les gens qui ont peur de tomber adorent qu'on les empêche de bouger.

Gros bébé pour la vie, souvent issu d'une mère fusionnelle type années 70/80, le client idéal du politiquement correct contemporain est le premier coupable de son propre enfermement. Exonéré du poids des responsabilités, même morales, il roule sur les rails du politiquement correct, et n'a qu'à les suivre. Qu'il ne dévie jamais, et le voilà assuré de ne jamais assumer la *contradiction*. Comme il a été dit précédemment, c'est là tout ce qu'il demande.

Sa caractéristique première ? L'adhésion spontanée, immédiate et sans concession à une gigantesque mécanique d'indifférenciation, dont il est à la fois la victime et le bénéficiaire. Parfaitement évidé de toute identité autonome, *homo correctus* se sent bien dans un monde où tout ressemble à tout, et où, donc, il n'a aucun mal à ne ressembler à rien de précis. Comment ne pas voir que cette soumission parfaite à l'impératif d'indifférenciation (métissage, consumérisme, prêt-à-porter, prêt-à-penser, prêt-à-ne-pas-penser) traduit d'abord la peur de ce qui pourrait percer la peau du petit homme, peur qui n'est surmontée que grâce à l'abolition symbolique de ladite peau ? Comment ne pas voir, pour tout dire, qu'*homo correctus* est une *petite lopette* (HALDE © homophobie) ?

Dès les origines de la sensibilité « PC », dès la lointaine *Prohibition*, stratégie de classes mise en place au tournant des années 20 par un pouvoir américain ultralibéral et mafieux pour créer un clivage artificiel dans la population, il se trouva des imbéciles pour applaudir, au nom d'un hygiénisme qui ne traduisait, en réalité, que la peur panique de l'homme sans complexité devant le monde sans simplicité. Et pour en revenir à l'Amérique, puisque c'est là que tout a commencé, dans notre postmodernité, souvenons-nous de la conclusion qu'Arthur Miller a placé à ses « sorcières » : le Puritain est face à Proctor, le seul mec de Salem qui *en a dans le froc*. Il faut que Proctor signe un papier, comme quoi il a eu commerce avec Satan. Proctor refuse, parce que, dit-il, c'est son nom, quoi, il n'en a qu'un, et il ne va pas l'écrire au bas de ce papier lamentable.

C'est son nom. C'est la part du Verbe dont il a la charge. C'est la petite part de la vérité qu'il a reçue en dépôt. Faut qu'il l'amène jusqu'au bout du chemin, intacte. Sinon, de l'autre côté, le patron va lui demander des comptes, c'est sûr. Le Verbe n'est pas un capital aliénable. C'est un combat à livrer.

Alors Proctor refuse de signer. Et donc, il finit à la potence.

Et toi, ami lecteur que je vais agresser froidement, maintenant, puisqu'on se connaît et que je ne me gêne pas ? Et toi, combien de fois as-tu accepté de signer des papiers avec ton nom dessus ? Combien de fois as-tu été dupe ? Combien de fois as-tu été heureux de constater qu'on pensait à ta place ? Combien de fois as-tu accepté qu'on rogne un peu sur ta liberté, au nom de ton bien-être ?

Alors il est où, le premier coupable du règne du « PC » qui nous casse les bonbons ? Hein, il est où, le coupable ?

Elle prend sa source où ça, en qui, cette substance commune à toutes les figures de l'aliénation ?

Ouais, tu m'as compris.

Rassure-toi : on est deux dans la même barque.

Où l'auteur suicidé sort de sa tombe !

Alors, mon camarade, au terme de ce voyage en Absurdie politiquement correcte, sens-tu poindre la solution ? As-tu deviné par où commençait la révolte ? As-tu compris comment il fallait la terminer ?

Pas encore ?

Allons, il est temps de t'affranchir.

Le truc qui veut nous avaler, le truc qui nie notre peau, c'est *l'idolâtrie*.

Et donc, le remède, la délivrance, l'instant du triomphe, c'est *l'hérésie salvatrice*.

*

Soit cinq politiquement corrects :

- Le politiquement correct des pharisiens, en Judée, il y a deux mille ans,
- Le politiquement correct des marchands idolâtres polythéistes, en Arabie, il y a quatorze siècles,

- Le politiquement correct des papes Borgia, en Europe, il y a cinq siècles,
- Le politiquement correct des hiérarques communistes, en Union Soviétique, il y a encore quelques décennies,
- Le politiquement correct contemporain, dont nous avons analysé les ressorts peu ragoûtants.

Soit quatre hérétiques victorieux :

- Le Christ, le Plus Grand Putain d'Hérétique qu'on ait jamais vu (même s'il a fondé une Église vouée à la poursuite de l'hérésie, mais ceci est une autre histoire),
- Mahomet, l'autre Putain d'Hérétique qui déchire (même s'il a fondé une religion qui a passé son temps à pourchasser les hérésies, voir ci-dessus),
- Luther, un Hérétique de la Mort (même s'il compte dans sa descendance spirituelle une brochette hallucinante de Tartuffe déjantés et de Puritains en transe, là encore voir ci-dessus),
- Soljenitsyne, pas le seul hérétique de l'URSS, mais Le Plus Grand Hérétique du Communisme Russe (même s'il a contribué, par erreur, à filer son pays à la mafia Eltsine, idem, voir au-dessus).

Donc qui a vaincu les quatre premiers politiquement corrects ? Des hérétiques. Qui vaincra le cinquième ? Un hérétique.

Et au lecteur mal embouché que ces énumérations parallèles choqueraient, je présente un argumentaire imparable.

Politiquement correct de l'époque, le judaïsme du premier siècle ? Hérétique, le Christ ? Total, mon pote.

Because, vois-tu, la différence entre une religion et un politiquement correct, c'est le *Verbe*. D'un côté, une langue *morte*. Une succession de signifiants ne reflétant que la cohérence de leur articulation – pour créer une toile d'araignée, qui inclut les êtres *et nie leur peau*. De l'autre côté, du côté de la religion, une langue *vivante*, disant le réel vécu, humain, charnel – pour que chaque homme puisse être lui-même, *à l'intérieur de sa peau*. D'un côté, le Pouvoir (avec un grand « P », pour une fois). En face, le Livre. *Toujours*.

Voici les pharisiens. Serviteurs du Temple. Le Temple à Jérusalem. Le lieu où les sacrifices sont accomplis, par des sacrificateurs accrédités, avec la cérémonie qui va bien, pour que Dieu soit content. Le lieu aussi où règnent les Puissants : Pilate, le boss de la Kommandantur, et Hérode, le super-collabo local.

Pilate, c'est kif-kif l'officier boche en garnison à Paname, en 42. On lui amène Jésus, because Caïphe, le sacrificateur en chef, a dit : « il est avantageux qu'un seul homme meure pour le peuple ».

Eh là, je te demande, mon ami, dis donc, il dit quoi, là, le mec ? Il ne serait pas en train de nous dire qu'il veut la peau de Proctor, le Puritain de service ?

Bref. Revenons à Jérusalem, il y a 1976 ans et quelques heures.

Il réfléchit, le Pilate, et il se dit : si je bute le mariole, je vais avoir des ennuis avec ses partisans. Si je ne le bute pas, je vais avoir des ennuis avec ses adversaires. Total, il envoie le gonze à Hérode, manière de refiler la patate chaude. Ledit Hérode veut causer au Christ, mais l'Hérétique Number One du moment le snobe froidement, son überkollabo. Rien à carrer de ce bouffon. Total, Hérode s'énerve, donc il renvoie l'accusé à Pilate, en disant : démerde-toi, puisque c'est toi le patron.

Et là, il y a un verset marrant : « De ce jour, Pilate et Hérode devinrent amis, d'ennemis qu'ils étaient auparavant. » Eh mais dis donc, mon camarade, ça te rappelle pas la façon dont toutes les pouffes s'entendent pour dénoncer les sorcières, chez Arthur Miller, ça ? On dirait bien, non ? Genre : chic, on n'est tous clean, puisqu'on a blâmé le même mec.

Pilate est bien embêté. Finalement, il fait le calcul qu'il aura moins d'ennuis avec les partisans du Christ qu'avec la bande d'allumés qui suit Caïphe, alors il ordonne la crucifixion. Faut dire que la ligne de défense de l'accusé a de quoi déconcerter un fonctionnaire romain lambda : « Je suis », dit-il, « venu pour rendre témoignage à la vérité. » Forcément, le Romain de base, genre le gars qui aime que les angles soient carrés dans le forum, il ne pige pas.

Mais nous, en revanche, mon camarade, on pige.

Dis-moi, mon camarade, chez Arthur Miller, ce n'est pas pour avoir refusé de signer une fausse déposition que Proctor finit pendu ? Mais… attends… on tient un truc, là.

Creusons. On a accroché quelque chose, on dirait.

Pourquoi ils veulent le repasser, le gentil Jésus, les pharisiens ? Réponse logique : parce qu'ils ne veulent pas qu'il « rende témoignage à la vérité ». Forcément. Puisque le gars est venu pour ça et puisqu'ils veulent le *buter*, c'est bien qu'ils ne veulent pas qu'il finisse son boulot.

C'est quoi, son témoignage, à l'Hérétique Number One ? Pourquoi ils veulent lui faire fermer sa gueule, les pharisiens ? C'est quoi, la vérité qui les dérange ?

Réponse : Évangile de Mathieu, chapitre 23, versets 13 à 36.

« Malheur à vous, scribes et pharisiens hypocrites ! »

Voilà comment il commence son discours, le Fils de Dieu.

Étonnez-vous après ça que les intéressés l'aient pris en grippe...

Et pourquoi il les maudit, les gus ? Il l'explique.

Résumons.

Les scribes et les pharisiens, c'est-à-dire ceux qui gardent la Loi et se mettent à part des hommes à ce titre, « lient des fardeaux pesants, et les mettent sur les épaules des hommes, mais ils ne veulent pas les remuer du doigt ». C'est-à-dire que leur truc, c'est : faites ce que je dis, pas ce que je fais (Tartuffe).

Mais il y a pire.

« Malheur à vous, scribes et pharisiens hypocrites, parce que vous fermez aux hommes le royaume des cieux ; vous n'y entrez pas vous-mêmes, et vous n'y laissez pas entrer ceux qui veulent entrer. »

C'est quoi, le « royaume des cieux » ?

Réponse...

Les pharisiens, dit le Christ, « font toutes leurs actions pour être vus des hommes ». Ils veulent être maîtres aux yeux des hommes (le Puritain). Par opposition, le Christ demande à ses apôtres : « Ne vous faites pas appeler Rabbi. Car un seul est votre maître, et vous êtes tous frères. » D'un côté, ceux dont la parole tourne en boucle, sur le plan unique du monde terrestre, avec un seul objectif : le Pouvoir. En face, ceux dont la parole est dépourvue de tout enjeu terrestre. Les hommes du *Livre*.

En somme, ce que le Christ reproche aux pharisiens, c'est d'avoir inventé *un discours circulaire*, un discours qui se cautionne lui-même. Total : les mecs tournent le long du cercle, et comme ça ne s'arrête jamais, ils ont l'illusion de l'infini. Sauf qu'ils restent enfermés dans le même plan, le plan unidimensionnel du *Pouvoir* (le Puritain, toujours).

Le Christ, en revanche, ce qu'il veut, c'est que les hommes comprennent que deux commandements n'en font qu'un : « Tu aimeras le Seigneur, ton Dieu », et « Tu aimeras ton prochain comme toi-même. » En face d'un discours qui crée l'illusion de l'infini par la répétition circulaire d'une structure auto-cautionnée, le Christ pose un discours qui ouvre l'infini par l'Amour, par la communion, par la réconciliation de l'un avec l'autre, et donc de la *Parole* avec la *Vie*. Soit très exactement ce que le Puritain ne supporte pas, et ce que Tartuffe redoute par-dessus tout.

L'essence de l'hérésie, de la *bonne* hérésie, est entièrement là. Cette bonne hérésie (qui en fait n'en est pas une, puisqu'elle est la véritable *pensée droite*), c'est ce qui se passe quand un gars constate *qu'homo correctus* tourne en rond pour parcourir un cercle de paroles vides de Sens, parce que vides d'Amour, déconnecté de l'Etre, et qu'il lui dit : rompons le cercle. Et cela quitte à créer du conflit (« Les enfants se soulèveront contre leurs parents, et les feront mourir », qu'il a dit, l'Hérétique des hérétiques – Mathieu, X, 21). Rien à battre si ça fout le bocson : au contraire, c'est bon signe ! – D'où, évidemment, le fait que l'hérétique fasse peur à *homo correctus*, et que ce dernier cherche refuge du côté du Puritain. Tout se tient.

Un hérétique (au sens où je l'entends dans ce génial manuel), c'est donc un gars qui constate que la pensée droite qu'on lui cause, ben elle n'est *pas* droite. Qu'elle ne donne que *l'illusion* de l'infinité, parce qu'elle est *circulaire*. Elle se cautionne elle-même. Elle ne sert qu'à garantir, par sa cohérence circulaire, une structure de la domination (les Romains ont conquis le monde juif, des roitelets collabos les servent, des rabbis ivres de domination mentale leur servent de flics intellectuels). Et le gars constate cette circularité de la soi-disant pensée « droite », et il dit : « *Je romps le cercle*. J'introduis, dans le discours, une référence extérieure qui brise la mécanique auto-correctrice de la pensée. »

Cette référence à l'Etre, existant hors du langage institué, oblige le langage à se soumettre à quelque chose qui est au-dessus de lui, à un autre plan, supérieur : le *Verbe*. La véritable pensée droite (orthodoxie), c'est cela : dire que le langage ne sert pas à tourner en rond pour se donner l'illusion de l'infini, mais à lancer une droite, par nature prolongeable jusqu'à *l'infini* – mais pour de bon, cette fois. Donc l'hérésie, ça consiste à dire que le langage ne sert pas à créer la cohérence (du discours avec lui-même), mais au contraire à révéler l'incohérence (de l'Etre avec un discours faux, qui doit être constamment reformulé). Un bon hérétique, c'est un gars qui dit : méfiez-vous des gens qui ne se contredisent jamais. Méfiez-vous des discours qui se bouclent parfaitement sur eux-mêmes. Méfiez-vous de l'ordre. Foutez le souk, et laissez les esprits chercher le Vrai à partir du chaos. Le *Verbe*, le langage qu'il ose, l'hérétique que j'aime, mon camarade, c'est le discours *qui pose des questions* – c'est-à-dire *qui met son auditeur en question.*

Tous les hérétiques précédemment cités font en gros la même chose, avec quelques nuances. Momo à La Mecque ? Il dit quoi, à part que les idoles des marchands « ne sont que des noms » ? (sourate 53) Rien, il dit ça et puis c'est marre. Il dit : « Ceux qui ne croient pas en la vie future » (c'est-à-dire, dans les conceptions de l'époque, le plan qui surplombe celui tracé par la circularité parfaite du langage des idolâtres), ben ceux-là, « donnent aux anges des noms de femme » (en clair : ils jouent sur le part d'ombre de maman). Mais, continue Momo, « Ils n'en savent rien. Ils ne font que des suppositions » (en clair : c'est de l'arnaque, ils ne sont pas maman, les gusses, ils font semblant).

Haha. Le cercle du discours auto-cautionné est brisé, non par une réponse, mais par une *question.*

Luther à Worms ? Idem. Rappel : c'est une époque assez zarbi, avec des papes genre Borgia, qui organisent des orgies au Vatican, et vendent des indulgences à un peuple culpabilisé (Tartuffe, voir ce que je disais plus haut sur la religion « shoahtique »). Donc le frère Martin, de Wittenberg (un bled paumé en Teutonie) la ramène et dit, en substance, qu'on se fout de la gueule du populo. On le convoque à Worms, pour s'expliquer devant les autorités. Or le mec, il ne se pointe pas pour dire : ce que disent les papes, c'est de la connerie. Oh que non. Ça, c'est ce que ses ennemis lui ont fait dire (et parfois aussi les plus cons de ses disciples). Ce qu'il dit, c'est : « Je n'ajoute foi ni au pape ni aux conciles seuls, puisqu'il est clair qu'ils se sont souvent trompés et qu'ils se sont contredits eux-mêmes ». Donc il ne dit pas que les papes ont tort, il dit *qu'il ne sait pas s'ils ont raison.* Et il ne dit pas non plus, d'ailleurs, que lui, Luther, il a raison : « Alors qu'on interrogeait [le Christ] et qu'un serviteur l'avait souffleté : 'Si j'ai mal parlé, dit-il, fais connaître ce que j'ai dit de mal.' Si le Seigneur même, qui se savait incapable d'erreur, ne refuse quand même pas d'entendre contester son enseignement, fût-ce de la part du moindre de ses serviteurs, à combien plus forte raison, moi, lie du peuple, sans cesse exposé à l'erreur, ne dois-je pas désirer et demander que l'on veuille contester mon enseignement ! […] Si je devais alors être mieux instruit, nul ne serait plus disposé que moi à rétracter quelque erreur que ce soit. » Et il ajoute, pour bien se faire comprendre : « Pour moi, l'aspect le plus réjouissant de tous, en ces choses, est de voir que des passions et des dissensions surgissent au sujet de la Parole de Dieu. Car telle est bien la carrière du Verbe de Dieu sur terre, par les abîmes et par les sommets. » Traduction, que tu as maintenant tous les moyens de valider, mon camarade : frère Martin nous dit qu'il est bien content d'avoir mis le souk, *parce que le cercle du discours auto-cautionné est rompu.* Le faux infini de la circularité est brisé, l'infini véritable de la pensée véritablement droite est à nouveau *pensable.*

Exit l'Idole.

Soljenitsyne face au système soviétique ? C'est pareil. Toute son œuvre est là non pour nous dire « le communisme c'est nul, moi j'ai la solution », mais plutôt « je voudrais vous faire remarquer que le communisme que moi j'ai vu, c'est l'exploitation de l'homme par l'homme sous des formes nouvelles ». Il n'y a aucune réponse chez Soljenitsyne, à part celle-ci : posez-vous les bonnes questions, les gars. « La ligne qui sépare le bien du mal traverse le cœur de chaque homme, » écrit-il dans l'Archipel du Goulag. Cette ligne, qui traverse tous les cœurs, c'est une droite. Tendue vers l'infini.

Réfléchis bien à ce que je dis là, mon camarade.

Tu verras : ce que je dis là, j'y ai bien réfléchi, et c'est du sûr.

Pour une fois.

Où l'auteur donne le mode d'emploi

A ttention : ne crois pas, mon camarade, que n'importe qui peut jouer les hérétiques, comme ça, au débotté, histoire de passer le temps. Ne crois pas qu'il suffise, comme l'Hérétique Number One, de maudire les pharisiens pour briser le discours circulaire. L'hérésie qui libère, c'est-à-dire celle qui rétablit la pensée droite, l'hérésie contre la fausse orthodoxie si tu préfères, c'est du *sérieux*. Il y a une *méthode*. Des *règles*. Sinon, tu te plantes.

D'abord, une hérésie qui marche se réfère *toujours* à une orthodoxie antérieure, chronologiquement ou spirituellement, à la fausse orthodoxie qu'il s'agit de briser. Le Christ, comme il a pris la peine de l'expliquer lui-même, ne vient pas pour « abolir les prophètes », mais pour *accomplir*. Avant de foutre le souk chez les idolâtres, Momo a pris la peine de discuter longuement avec des Juifs (qu'il a par la suite soigneusement bolossés, mais peu importe, on parle des *sourates de La Mecque*, là). Luther, quant à lui, a constamment répété qu'il refusait de tenir pour autorité le discours des papes, *parce qu'il se référait à une autorité supérieure* (l'Écriture). Soljenitsyne a condamné Staline, Lénine et toute la bande, *au nom de l'héritage spirituel russe*. L'hérésie que je te cause, ce n'est pas le grand n'importe quoi. Un hérétique conséquent s'appuie toujours sur l'esprit d'une tradition, qu'il oppose à la lettre morte de ceux qui ont capté cette tradition. Sinon, ça ne marche pas. Un hérétique sérieux, ce n'est pas un saltimbanque individualisto-je'enfoutisto-anarchisant. Ne pas confondre.

Ensuite, une hérésie qui marche attaque toujours par des *questions*. Faut pas se pointer devant le Sanhédrin pour dire : « Poï poï, j'ai un truc qui va résoudre vos problèmes ». Faut se pointer pour dire : « Eh, les gars, j'ai des remarques à faire, comme quoi vous dites un truc, mais vous en faites un autre. » C'est pourquoi une hérésie qui marche est formulée *en fonction de l'état de sclérose atteint par le politiquement correct visé*. Elle ne peut pas être formulée indépendamment de la fausse orthodoxie qu'elle combat.

Donc, avant de jouer les hérétiques, faut bien analyser le « PC » qu'on va démolir. Faut comprendre où il en est de son cycle préciosité-turquerie-tartufferie-puritanisme. Faut arriver au bon moment, et agir comme il faut, au moment qu'il faut. Un hérétique digne de ce nom est un homme *d'ordre*. Un gars qui suit le manuel.

Faut pas croire.

De ces deux constats, une méthode peut être déduite. Je te la décris ci-dessous, par le menu.

Je t'avais promis un mode d'emploi, le v'là.

Ne va pas dire que le titre de ce bouquin, c'est publicité mensongère. L'article est nickel. T'as rien à redire, le contrat est tenu.

*

Revenons à ce que je disais dans le chapitre 6 de ce génial manuel.

Je disais, dans ce chapitre qui visait (en toute modestie) à opérer la synthèse entre Molière et Arthur Miller, que :

- Magdelon et Cathos se prennent la honte de leur vie quand le réel se venge, par l'intermédiaire de La Grange et Du Croisy. Donc, la stratégie pour déjouer une préciosité, c'est *l'épreuve des faits*.

- Jourdain arrête d'opprimer Cléonte quand celui-ci, à son tour, le dupe à la manière de Dorante. Donc, la stratégie pour déjouer une turquerie, c'est le *travestissement*.

- Tartuffe est vaincu quand il est démasqué. Donc, la stratégie pour déjouer une tartufferie, c'est le *dévoilement*.

- Le Puritain finit par pendre John Proctor, certes, mais cette pendaison provoque une prise de conscience chez les villageois de Salem (historiquement, l'affaire de Salem est à l'origine du recul du puritanisme au Massachusetts). Donc, la stratégie pour déjouer une chasse aux sorcières, c'est le *martyre*.

Voici qui nous permet, au regard de l'analyse effectuée par ailleurs, de préciser la méthode que l'hérétique contemporain doit suivre, pour faire face aux diverses figures du « PC » qu'on nous cause.

En face des précieuses (genre le bobo bien-pensant qui se veut « bon » parce que « il n'est pas raciste ») : la stratégie, c'est *la revanche du réel*.

Ça, c'est la partie facile du boulot. De toute manière, on arrive au moment où le réel se venge à tout crin, et ça ne va faire qu'empirer. Sois tranquille, lecteur bichonné, c'est du billard. Les « précieuses » soixante-huitardes, il est assez facile de savoir comment on va leur fermer leur gueule – et depuis 40 ans qu'ils nous emmerdent, ils ne l'auront pas volé !

Quelle est la principale caractéristique d'une entreprise qui sélectionne ses cadres sur la base de quotas ethniques ?

La « justice raciale » ? L'« Égalité des sexes ? »

Faux.

L'injustice professionnelle ?

Faux encore.

La principale caractéristique d'une entreprise qui sélectionne ses cadres sur la base de quotas ethniques ou sexuels, c'est tout simplement qu'elle dispose d'un encadrement *merdique*. Inévitablement, puisqu'elle n'a pas promu les gens compétents. Donc cette entreprise est non compétitive. Donc, dans une économie globalisée (ouais, tous unis, sans frontières), elle est perdante. Donc le truc va s'écrouler.

Tu généralises cet exemple à toute la construction sociale, tu as l'histoire des vingt années qui viennent. Je ne développe pas, il te suffit de regarder autour de toi pour constater que le réel a commencé à se venger. De nos « banlieues » ethniques en pleine décapilotade à l'affolante déroute sexuelle en cours, toutes les « promesses » de « mai 68 », de la « société ouverte » et autres balivernes, toutes ces promesses sont en train de déboucher sur leur exact contraire. C'est tout un système fondé sur la dette, c'est-à-dire sur des traites tirées sur l'avenir, qui est en train d'imploser sous nos yeux. Il suffit de s'asseoir au bord de l'oued, et nous verrons passer le corps de notre ennemi, la « précieuse » soixante-huitarde. Là-dessus, pas de problème.

Problème, en revanche, s'agissant des turqueries et tartufferies à la mode. C'est que, comme il a aussi été dit précédemment, le Dorante et le Tartuffe contemporains possèdent une stupéfiante capacité à se reconfigurer. Ils sautent d'une forme du « PC » à l'autre, sans aucun souci de cohérence. Ce sont des mecs que ça n'ennuie pas du tout d'être à la fois multiculturaliste à donf et islamophobe à donf aussi (Philippe Val, Charlie Hebdo, par exemple). Faut donc pas croire que l'implosion de l'univers mental des précieuses de notre temps va automatiquement déstabiliser Dorante et Tartuffe. Ils vont recycler leur propre faillite, les mecs. Ils savent faire.

C'est là que les stratégies du *travestissement* et du *dévoilement* vont s'avérer utiles.

Le travestissement consiste à *construire un politiquement correct de rechange*, pour faire transiter monsieur Jourdain à travers, histoire qu'il arrête de faire chier le monde. Ici, il faut savoir faire la part du feu. On ne peut pas demander à tout le monde d'être un homme libre. Si on veut que les Orgon de service captent ce qu'on va dire une fois qu'on se sera attaqué à Tartuffe, faut d'abord neutraliser les pulsions qui sous-tendent le comportement des Jourdain (qui sont, souvent, dans la vie, les mêmes que les Orgon).

Cette étape est souvent négligée, j'ai remarqué, par les apprentis hérétiques. C'est un tort. Avant de désamorcer le calcul oppressif de Tartuffe, il faut traiter le calcul compensatoire de Dorante. Comme je te disais ci-dessus, bordel ! L'hérésie, c'est un art majeur. Y a des règles.

Alors suis-moi pas à pas, ô mon lecteur irremplaçable.

Il faut analyser la motivation de surface des Jourdain contemporains. Plus loin, on parlera de leur motivation profonde (celle qui est à la racine de tout). Mais d'abord, il faut « couper l'herbe sous le pied » à Dorante, en proposant à Jourdain une turquerie de substitution. Or, notre Jourdain contemporain, ce qu'il veut, c'est s'inscrire dans un ordre qui fait sens. Et il en a d'autant plus besoin que l'ordre contemporain n'a plus aucun sens. Donc, il faut lui proposer une « pensée correcte » de substitution. Un mignon petit kit de prêt-à-penser. Quelque chose qui soit bien calculé pour qu'il ne fasse pas braire le monde.

Par exemple, pour couper court au chantage « Shoah », il faut insérer des figures de substitution à la Shoah. Des figures multiples, qui empêcheront de retomber dans la pensée binaire style « religion shoatique », mais qui permettront cependant à Jourdain d'avoir, dans sa petite tête simplette, un pôle du Mal et un pôle du Bien. Par exemple, à chaque fois qu'on te parle de la Shoah et mon Dieu c'était horrible, au lieu de faire ton malin à expliquer que t'as lu 3 000 pages sur les chambres à gaz qui n'existaient pas (tout le monde s'en fout, mon pote), tu dis que oui, c'était horrible... *et les shoahs d'aujourd'hui sont tout aussi horribles.* Tu parles de la Palestine, du sort des Tutsis bolossés par les Hutus (ou l'inverse, le mieux étant de parler des deux à la fois). Total : tu opères un *transfert* de l'imaginaire shoahtique. Et ainsi, tu réintègres ton Jourdain dans un univers recomposé, ni vu ni connu, qui te permet de prendre appui sur ses préjugés pour le préparer, toujours ni vu ni connu, au démantèlement des structures du « PC » contemporain.

Autre exemple, pour couper court au chantage « antiraciste », il faut *dans un premier temps* souligner le caractère de réciprocité des racismes. Après, dans un deuxième temps, tu pourras t'attaquer à la tartufferie antiraciste en tant que telle, et montrer qu'elle n'est qu'une stratégie pour dissimuler la violence de classe derrière la violence de race. Mais comme je te disais : faut y aller pas à pas. Dans un premier temps, tu causes du racisme antiblanc. Ce faisant, tu opères un transfert de l'imaginaire antiraciste. Tu l'emmènes tout doucement vers la complexité. Je comprends que ça te fasse braire, mon camarade, de devoir transiter par cette étape. Je comprends que tu redoutes de te faire piéger. Mais voilà, il y a des règles. Avant de t'attaquer au « PC » oppressif de Tartuffe, il faut désamorcer le « PC » compensatoire de Dorante. Pas à pas.

Pour le féminisme : le couple Dorante/Jourdain constitutif du féminisme est si évident que sa dénonciation est devenue un poncif. Mais au-delà de la dénonciation, tu peux créer une turquerie de rechange, en soulignant que le féminisme aboutit au sexisme. Tu peux jouer là-dessus, par exemple, en soulignant que le féminisme a fabriqué des mères isolées en pagaille. D'une manière générale, il faut attaquer, en phase anti-turquerie, le féminisme *du point de vue des femmes* (parce qu'en réalité, le féminisme est une guerre *contre les femmes*).

Une fois que tu as fait ce travail préliminaire, et seulement à ce moment-là, tu peux attaquer ton Tartuffe. Dorante est neutralisé, Jourdain est content, il a une turquerie de rechange pour se réfugier dedans.

Et là, on passe aux choses sérieuses : le *dévoilement*.

Actuellement, le travail de dévoilement est bien lancé. Sur ce plan-là, les apprentis hérétiques sont bons élèves. De plus en plus de gens ont compris que la Shoah tous azimuts, c'est fait pour qu'on ne parle pas du reste. Plein de mecs réalisent que l'antiracisme, c'est un truc pour cacher la guerre de classe. Ça avance gentiment, tout ça. MAIS, là où ça ne va pas, c'est que les mecs, souvent, n'ont pas compris que pour démasquer Tartuffe, il ne suffit pas d'expliquer (cf. la pièce de Molière). Il faut qu'Orgon *voie* son « ami » l'escroquer.

C'est pourquoi, ô mon lecteur que je sens passionné par les horizons fabuleux que je lui dévoile, une fois que tu auras fini le travail anti-turquerie (et, je le répète, seulement à ce moment-là), tu devras non pas expliquer ce que fait Tartuffe, mais le surprendre *la main dans le sac*.

C'est ici, mon camarade, qu'il convient d'être légèrement manipulateur, voire franchement dégueulasse.

Il est sublime et magnifique qu'il se trouve, en nos temps de mensonge généralisé, des hommes courageux pour exposer les manipulations de Tartuffe. Honneur à eux. Mais le problème de ces gars-là, c'est qu'ils en demandent beaucoup trop à l'homme moyen. Ils lui disent : « Voyez, ce que disent les détenteurs de la parole officielle, c'est faux. Révoltez-vous au nom de la vérité ! » Ouais, sauf que la vérité, l'homme moyen n'en a rien à faire. L'homme moyen, mon camarade, ben c'est un abruti conformiste. Il préfèrera toujours un mensonge réconfortant à une vérité qui fait peur. Ses motivations sont basses. Il pense dans les clous pour ne pas se faire écraser. C'est sa nature. Le niveau général de l'humanité est très bas. Faut s'y faire.

C'est pourquoi, afin de démasquer Tartuffe, il convient non de démontrer que Tartuffe est hypocrite, mais plus simplement qu'il coûte cher. Si tu dis à l'homme moyen : « Les adeptes du shoah business parlent de la Shoah pour qu'on ne parle pas du reste, » l'homme moyen se dit : houlà, si je dénonce la manip, je vais avoir des ennuis. Et moué, je ne veux pas d'ennuis. » Tout ça pour ça. En revanche, si tu dis à l'homme moyen : « Les adeptes du Shoah business parlent de la Shoah pour que vous ne voyiez pas, cher ami, qu'ils vous prennent du fric », là, l'homme moyen va renauder méchant.

Ainsi, je suggère aux apprentis hérétiques désireux de passer en deuxième année d'arrêter de pondre des textes imbitables sur la réalité ou la non-réalité des chambres à gaz (encore une fois, tout le monde s'en fout), mais plutôt de se concentrer sur les activités de ceux qui promeuvent le Shoah-business. C'est là qu'ils trouveront des oreilles attentives.

Notez bien que ça a toujours marché comme ça. Le Christ a gagné non parce qu'il avait convaincu l'homme moyen d'être bon, mais parce que le système impérialiste romain s'est détraqué. Momo a triomphé non parce qu'il avait raison de dénoncer les idoles, mais parce que ses potes ont piraté les caravanes de La Mecque. Luther a réussi non parce que le Teuton de base s'est rendu compte que l'Épître aux Romains, c'est le salut par la Foi, mais parce que les marchands de Rhénanie ont pigé qu'ils pourraient se faire plus de beurre si l'Allemagne arrêtait de banquer pour le Vatican. Soljenitsyne « a fait tomber » l'URSS parce que l'économie soviétique implosait. C'est comme ça. Ad augusta per angusta.

Donc, *une fois une turquerie de substitution mise en place* (j'insiste), mon camarade, tu vas commencer à pister les Tartuffe. Surprends-les la main dans le pot de confiture. Quand un mec genre israélien te la joue Shoah, tu ripostes par ta turquerie de rechange (les Palestiniens, par exemple), et ensuite tu enchaînes sur le coût politique de l'aide à Israël. Te fatigue pas avec les chambres à gaz, ce n'est pas la question.

Idem, quand un type te branche antiracisme, tu sors ta turquerie de rechange (le racisme antiblanc, par exemple), et ensuite tu enchaînes sur le coût économique de l'immigration, et en particulier la baisse des revenus des salariés mis en concurrence. Là, les gens écoutent. Souviens-toi de ce principe : Orgon ne comprend que Tartuffe le défonce que lorsqu'il *voit* la chose s'opérer. Te fatigue pas directement à démonter l'arnaque antiraciste. Fais constater les *résultats*. Ça, l'homme moyen comprend.

Idem, quand on te casse les bonbons avec le féminisme, dégaine ta turquerie de substitution (le féminisme contre les femmes, donc tu es pour un *autre* féminisme), et ensuite, tu montres comment le féminisme, concrètement, aboutit à l'explosion d'un noyau familial qui protégeait les mères. Explique comment ça coûte, explique comment ça a asservi les gens, hommes et femmes confondues, comment ça a généré les comportements du « double salaire ». Et si on te refile le truc en te disant que tes impôts vont subventionner les mères isolées, fous les gens en rogne en gueulant contre l'impôt. Toujours, tu dois montrer non comment Tartuffe ment, *mais comment il pique des sous en mentant*. Souviens-toi bien de cela : les gens, ils ne croient que ce qu'ils voient, et ils ne regardent qu'à leur portefeuille.

Si tu fais tout cela, mon camarade, je te promets que tu feras sortir du bois le *véritable* ennemi.

Qui n'est ni Magdelon, ni Dorante, ni Tartuffe.

Qui est le Puritain, évidemment.

Il ne t'a pas échappé, en effet, ô lecteur de mon cœur, qu'à la fin du Tartuffe, il y a un *deus ex machina*. Ce con d'Orgon a filé les clefs de la taule à Tartuffe. Et il est sauvé quand Louis XIV se pointe pour le Grand Pardon des innocents (et le châtiment de Tartuffe l'Affreux).

Donc, si Louis XIV ne se pointe pas, la dénonciation de Tartuffe se heurte, au bout du compte, à la réalité du Pouvoir. Ne pas perdre de vue, en effet, que le « PC », stratégie du pouvoir féminin, n'est là que pour servir de première ligne de défense. Derrière, le pouvoir a toujours une stratégie de rechange : l'ordre phallique, l'ordre qui n'inclut pas pour dissoudre la peau, mais qui la *perce*.

Or, que se passe-t-il si Loulou est un puritain ? Crois-tu qu'il va venir, une fois Magdelon torgnolée par le retour du réel, Dorante inclus dans une turquerie de rechange, Tartuffe confondu, crois-tu qu'il va venir pour le Grand Pardon ? Que nenni, mon beau. Si Loulou est un puritain, le pardon n'est pas son fort. Non, non, mon beau. Le mec, il va se pointer, et il va te déclencher une chasse aux sorcières de derrière les fagots.

Voici l'instant décisif. L'instant où le pouvoir féminin s'effondre, et laisse apparaître le pouvoir masculin. L'instant où on parle de *mort*.

Aussi, mon camarade, sache qu'une fois parvenus au terme de leur deuxième année, les apprentis hérétiques qui veulent aller en troisième année pour obtenir leur diplôme ont une sacrée épreuve à franchir.

Et c'est maintenant, ô lecteur adoré, ma petite caille, que tu vas comprendre la sublime cohérence de mon petit manuel.

Dézinguer le Puritain, mode d'emploi.

*

Le problème, comme je le disais au chapitre 7, c'est que nous avons affaire aujourd'hui à un « PC » d'un type nouveau, un « PC » qui n'en a rien à foutre de sa cohérence. Merveille des merveilles : voici un discours circulaire, qui cependant n'est pas cohérent, et qui toutefois parvient à mimer la cohérence. Nos Tartuffe à géométrie variable et nos Puritains à configuration changeante n'ont plus besoin de capter une tradition pour enfermer l'esprit dans un discours désincarné. Leur sorcellerie n'est plus faite, comme celle du Puritain d'Arthur Miller, de l'infiltration du christianisme par le satanisme. Leur Tartufferie ne repose plus, comme chez Molière, sur leur promptitude à rappliquer au bénitier pour offrir de l'eau bénite au bourgeois. Comment qu'on va faire, alors, pour opposer une tradition vivante à leur pensée, vu que leur pensée ne s'appuie sur *aucune* tradition défunte ? Les méthodes éprouvées de l'Hérétique Number One sont prises en défaut. Plus la peine de venir accomplir, tout est déjà *aboli*.

C'est ici, ô mon lecteur adoré, que tu vas constater qu'en acquittant le prix de cet ouvrage, tu as fait une bonne affaire. Car je vais maintenant te livrer un secret. Un secret fondamental. LE secret de notre époque.

Si le « PC » contemporain ne s'appuie sur aucune tradition, c'est parce qu'il est remonté à la racine *en amont* de toute tradition. C'est-à-dire : la pensée de nos pharisiens est remontée jusqu'à la formulation du Verbe en lui-même, indépendamment du discours qui le véhicule. Leur pensée tire sa cohérence du fait qu'elle est *négation pure*.

« Négation de quoi ? », me demanderas-tu, mon camarade. Eh bien, tzim-bam-boum, voici le fin mot de l'affaire : négation de l'infini, c'est-à-dire négation *de la mort*.

Ben oui.

Tout bonnement.

Pourquoi il tourne et retourne le long du cercle qui lui donne l'impression de l'infini, *homo correctus* ? Pourquoi il file les clefs de la taule à Tartuffe, Orgon ? Pourquoi il est tout content de se faire mamamouchi, Jourdain ? C'est quoi, la force qui la pousse coûte que coûte à fuir son rôle reproducteur, Magdelon la Peste ? Et le Puritain en délire, pourquoi qu'il veut absolument rôtir des sorcières ? Et l'antiraciste à la gomme ? Et la féministe en transe ? Et le fan de « La shoah c'est fantastique » ? Tous ces personnages du « PC » ont des motivations évidentes. Mais elles ne sont, ces motivations évidentes, que de surface. En profondeur, *homo correctus* tourne pour le plaisir de tourner, *pour que surtout rien ne change*. Et toutes les motivations évidentes ne sont évidentes que comme un leurre peut l'être. C'est-à-dire : pour détourner le regard du *vrai* problème.

Le vrai problème, ce qui se tapit derrière ce machin qui veut nous avaler comme un utérus symbolique et dissoudre notre être dans le sien, ce *Satan*, c'est *le refus de la mort*.

La trouille de l'instant où notre être se dissoudra dans l'Etre. Si nous voulons être dissout préalablement dans un être collectif programmé, c'est parce que cette dissolution *de notre vivant* nous évitera, croyons-nous, la dissolution *finale*. Ce machin qui se fait passer pour maman, et qui nous aspire et qui nous fait peur et qui nous fascine et qui nous rassure autant qu'il nous fait peur, c'est le retour dans maman, vers maman, *pour tourner le dos à la tombe*.

Orgon ? Il aime Tartuffe, parce que pendant que Tartuffe lui lave le cerveau, il est inscrit dans une anticipation catho de la mort (dolorisme, quand tu nous tiens), une anticipation de la mort qui suspend *sine die* l'instant de la mort réelle (la vraie fonction du dolorisme). Bien sûr, ce n'est pas sa motivation consciente. Mais c'est ce qu'il a *derrière*.

Jourdain ? Il se laisse mamamoucher parce que pendant qu'il fait mamamouchi, enfin il trouve sa place dans un ordre qui le transcende, dans un ordre *qui ne mourra pas*. Bien sûr, ce n'est pas sa motivation consciente. Mais là encore, c'est ce qu'il y a *derrière*.

Magdelon ? Elle fuit son rôle de pondeuse parce qu'il la ramène, in fine, à sa nature mortelle (si tu enfantes, c'est pour qu'il y ait quelqu'un *après ta mort*). Bien sûr, ce n'est pas sa motivation consciente. Mais là encore, même motif, même punition, c'est ce qu'il y a *derrière*.

Le Puritain ? Pourquoi il tient absolument à séparer les Élus des Damnés, le mec ? Peut pas attendre comme tout le monde, le Jour du Jugement archi-terrible, quand l'Agneau ouvrira le livre aux sept sceaux ? Pourquoi, sinon parce ce qu'en se projetant déjà *de l'autre côté*, il s'évite de penser au moment où il franchira le seuil qui sépare la vie de la mort ? Bien sûr, ce n'est pas sa motivation consciente. Mais là encore, toujours, idem, pareil, c'est ce qu'il y a *derrière*.

Le pire, c'est que toutes ces terreurs du passé ne sont rien, toutes ces ruses pour tourner en rond dans le discours circulaire ne sont que broutilles, par rapport à la puissance du « PC » contemporain.

Les « PC » de service de nos jours ? C'est pareil qu'avant, mais *en pire*.

Le fan du « Shoah business », si vous y regardez bien, il est *fasciné par ce qu'il dénonce*. Bien sûr, il y a le Tartuffe tendance pro-Israël, qui veut qu'on parle de la Shoah pour qu'on ne parle pas d'autre chose. Bien sûr, il y a le Puritain genre Gayssot, qui est bien content que *le jugement ait déjà été rendu* (à Nuremberg). Mais derrière ces motivations évidentes, il y a le fond de l'affaire : si la Shoah a été l'Apocalypse, alors on a plus de raison de flipper, les gars. Le Mal Absolu est venu, on est toujours là, donc l'éternité a commencé. En profondeur, c'est ce qu'il y a derrière la pulsion shoato-obsessionnelle.

L'antiraciste, c'est la même chose en moins paroxystique. Un antiraciste est un mec, comme il a été dit précédemment, qui décide que le racisme est le Mal, donc que n'étant pas raciste à titre perso, le gars peut décider qu'il est le Bien (même si, par ailleurs, c'est un exploiteur, un escroc, etc.) Voilà la motivation évidente. Mais plus profondément, l'antiracisme, en construisant un monde unitaire fantasmé, propose une matrice utérine parfaitement close. Pour qui est enfermé dans cette matrice fusionnelle parfaite (aussi bien ordonnée que, disons, un spectacle à Nuremberg en 1937), le Mal est ce qui rompt l'harmonie de la matrice fusionnelle. « Je suis dans la matrice, donc je ne suis pas né, donc je ne peux pas mourir ». C'est la motivation profonde. C'est ce qu'il y a *derrière* l'appétit antiraciste contemporain.

Quant au féminisme, n'en parlons pas. On a déjà vu, aux chapitres 13 et 14, ce qu'il fallait en penser. La divinité chtonienne qui est derrière, on l'a compris maintenant, *c'est la mort dans la vie* (l'avortement).

Nos pharisiens contemporains sont remontés à la racine de ce Satan, et c'est pourquoi ils peuvent s'appuyer alternativement sur toutes les traditions, capter toutes les orthodoxies afin de les recourber, de les transformer en *cercles*. Ils n'ont plus besoin de capter la tradition, ils ont capté sa *racine*.

L'abolition de la tradition, c'est-à-dire de ce qui inscrit l'homme dans la continuité du temps de l'espèce, est devenue la *substance* de notre monde.

Notre monde *est* cette abolition.

L'*homo correctus* contemporain est *mort de trouille devant la mort*. C'est le Trouillard Number One. Celui qui fait écho, à sa manière et en l'inversant, à l'Hérétique Number One dont je vous causais au chapitre précédent. Et donc l'*homo correctus* contemporain est mûr pour le premier « PC » *absolu*.

Ce gars-là, il peut zapper en toute quiétude d'une tradition détournée à une autre tradition détournée. Lui, du moment qu'il peut continuer à tourner en rond autour du discours circulaire, il est content. Il s'empare de la Shoah pour retourner le concept chrétien de la victime innocente, et hop, il tourne autour, et ça lui permet de ne plus regarder la fin du film, et même de penser que le film ne s'arrêtera jamais. Il s'empare de l'antiracisme pour pervertir l'universalisme, et hop, idem, même motif, même punition. Demain, il s'emparera peut-être de l'islamophobie, ou d'autre chose, pour pervertir l'antique tradition européenne – mais toujours, ce sera pour tourner autour du pot, zoum et zoum et vroum, inlassablement.

C'est pourquoi l'*homo correctus* contemporain est un Puritain absolu. L'obsession de la perfection l'habite. Il veut que le Jugement ait déjà eu lieu. Il y tient. Il est devenu incapable de faire face à la conclusion, à l'interruption, à l'irruption tragique de la discontinuité, à *l'Eternité ouverte par la discontinuité de l'instant*. Tu vas lui turquiser son Dorante, lui dévoiler son Tartuffe, mais rien n'y fera. Au contraire, il est à craindre qu'il n'exacerbe son puritanisme, pour fuir la révélation que tu lui as imposée.

C'est pourquoi, en troisième année, les apprentis hérétiques qui veulent leur diplôme devront passer une épreuve redoutable.

Et alors là, mon petit gars, on ne rigole plus.

C'est que pour faire face au *Puritain Absolu*, on va avoir besoin d'un *Hérétique Absolu*.

A un certain moment, quand le système du mensonge absolu implosera, nous serons confrontés, directement, sans aucun conflit intermédiaire pour faire diversion, à la racine du Mal. Fini les amuse-gueule anti-Dorante, anti-Tartuffe. On passe au plat de résistance. L'instant où, puisque le cercle qui se rompt était la quintessence de la pensée enclose sur elle-même, la quintessence de la pensée libre apparaît.

Une lumière *aveuglante*.

La négation de la mort est négation de la vie. C'est là que se trouve, sur le fond, le point faible de l'ennemi. C'est là que l'Hérétique Number Two, celui qui vient, devra attaquer. Non plus sur la tradition vraie par opposition à la tradition détournée. Mais sur la Vie elle-même, contre la Mort elle-même.

À un certain moment, quand le système du mensonge implosera, quand Dorante aura été définitivement recyclé, quand Tartuffe aura devant tous dévoilé son mufle hideux, notre monde mourra. Et l'instant d'après, ô mon lecteur, il renaîtra. C'est à ce moment-là, petit canaillou, hérétique apprenti qui a mal écouté les leçons, c'est à ce moment-là que tu sauras si tu mérites ton diplôme.

À ce moment-là, en effet, mon camarade, une esthétique mourra, une esthétique naîtra.

Toute l'esthétique actuelle est tournée vers un objectif unique : construire un mouvement circulaire qui donne l'illusion de l'infini, pour que la vie ne s'interrompe pas. Le rock ? Un mouvement répétitif, qui enferme l'ouïe dans un processus de consommation – ce que consomme un fan de rock, c'est du temps rythmé. Le rap ? Un discours saccadé, qui enferme la pensée dans un processus de consommation – ce que consomme un fan de rap, c'est de la pensée syncopée. L'architecture contemporaine ? De la matière pour réduire l'espace à une substance homogène recomposable indéfiniment. Toujours, l'illusion de l'infini, par l'enfermement dans la circularité. La construction méthodique d'une substance n'incluant aucune solution de continuité. Ce que nous appelons désormais l'Occident s'est réduit à une course millénaire vers le soleil couchant. Toujours poursuivre la fin du jour pour qu'elle n'arrive jamais. Si le *lonesome cowboy* part vers le soleil couchant, c'est pour le rattraper avant qu'il se couche. J'espère quand même que tu l'avais remarqué, mon camarade.

Alors écoute. Quand tout sera dit, quand le mensonge implosera, cette esthétique se révèlera dans sa nudité. Alors le Puritain à l'état parfait, le Puritain chimiquement pur, se trouvera seul devant la mort. L'heure qui devait venir sera venue. Et à ce moment-là, quand tout s'écroulera, il faudra que tu sois là, petit hérétique apprenti. Il faudra que tu sois là, et que tu proposes *autre chose*.

Quand ce jour viendra, il faudra montrer qu'on en a une paire, j'aime autant te le dire. Nous devrons, comme Luther en son temps, *excommunier le pape*. Même si notre Borgia n'est plus à Rome, évidemment. Le Borgia d'aujourd'hui, le pouvoir spirituel qui règne en clef de voûte sur l'édifice du discours circulaire, c'est le show-biz. Les médias. La machine à fabriquer de l'instantanéité-éternité. Ce Borgia-là n'est plus à Rome : il est *partout*.

Et nous aussi, nous devrons, donc, être partout. Un moment viendra, mon camarade, où nous devrons construire un autre discours. Un discours qui soit, lui, un Verbe. L'énorme machine à produire de l'instantanéité/continuité circulaire, nous ne pourrons la briser que par la refondation d'une *idée*. Une idée valable.

Et pour prouver qu'elle est valable, nous n'aurons pas d'autre arme, mon camarade, que le *martyre*.

Il n'y a que cela qui fascine les cons plus que le rock n'roll.

Il n'y a que cela qui les réveillera.

Voilà le programme, je te préviens.

Alors ne te fais pas d'illusion, ça va *chier*. Le Puritain va salement renauder. Comme je l'ai dit au chapitre 5, Arthur Miller l'a bien montré : le seul moyen de vaincre le Puritain, *c'est le martyre*. L'esthétique que tu fonderas, à ce moment-là, mon camarade, tu l'écriras avec ton sang.

Si tu dois l'écrire.

Conclusion : excommunions le Pape !

Il est temps de revenir à ce brave camarade Louis Fürnberg et à son immortel « *Lied der Partei* ». C'est par lui que ce petit chef d'œuvre s'est ouvert, c'est par lui qu'il se refermera.

À travers son contre-exemple, je vais finir, ô lecteur courageux, qui m'accompagné pendant de si longues heures, je vais finir de t'affranchir.

Et tu vas voir, si le bouquin est compliqué, la conclusion est simple.

Quand il apprit qu'il était tricard à la coco's super-fiesta, le camarade Fürnberg avait deux solutions :

- Ecrire un hymne au Parti et continuer à vivre,
- Dire qu'il n'était pas d'accord et se faire buter.

Comme on l'a vu, il choisit la première solution.

En foi de quoi, il ne fut pas hérétique et continua à vivre sa vie de minable.

En foi de quoi, aussi, l'Allemagne de l'Est hérita d'un chant de propagande qui va faire rigoler des millions de locuteurs natifs du langage casque à boulons, et ça pour un bon paquet de générations.

Et puis, en foi de quoi, pour finir et comme on pouvait s'y attendre, le communisme, figé, sclérosé, transformé en discours circulaire, mourut de sa belle mort.

Louis Fürnberg avait le choix entre la mort dans la vie et la vie dans la mort, il choisit, il se trompa, et son monde est mort.

Mais imaginons maintenant que Louis ait fait l'autre choix. Pas lui tout seul, mais lui et tous ses potes. Imaginons que tous les Louis Fürnberg du monde communiste aient décidé de préférer la vie dans la mort. Que se serait-il passé ?

La négation de la mort est négation de la vie. C'est là que se trouve, sur le fond, le point faible de l'ennemi. Si les Louis Fürnberg du monde communiste avaient attaqué ce point faible, s'ils avaient accepté de montrer, par leur acceptation de la mort, qu'ils refusaient de nier la vie, il est fort probable que le monde communiste serait toujours vivant. Debout. Et sans doute victorieux.

Tout simplement parce que, *par leur martyre*, ces types-là auraient vaincu le Puritain. Ils auraient fondé *une nouvelle esthétique*.

Une esthétique de la vie.

Surabondante.

Joyeuse.

Excessive.

Prête à se jeter dans la mort, pour que de la mort jaillisse, toujours renouvelé, le torrent de la vie.

T'as pigé ?

Bon, si t'as pigé, j'ai bien fait mon boulot.

Et sinon, relis.

Tout ça pour te dire, mon camarade, que quand tu auras fini les travaux préliminaires, quand le cercle du discours faux aura été brisé, tu te trouveras, toi aussi, devant le choix auquel fut confronté ce brave Louis Fürnberg...

C'est là que tu devras mériter ton diplôme d'hérétique.

Est-ce que tu trouveras en toi la force de dire, comme le John Proctor de Miller : « *Non, je ne signe pas* » ? Est-ce que tu diras, comme le Christ à Pilate : « *Je suis venu rendre témoignage à la vérité* » ? Est-ce que dénonceras les idoles ? Est-ce que tu lanceras, devant l'Empereur de ton monde : « *Hier stehe ich, Gott helfe mir* » ? (Luther – « Je me tiens là, que Dieu m'aide ») Est-ce que tu publieras l'Archipel du Goulag, quitte à retourner le visiter ?

Ou bien est-ce que, prisonnier du cercle, tu baisseras la tête, et tu commenceras à tourner, comme tout le monde ?

Parce que, ne te fais pas d'illusion : Dorante hors jeu, Tartuffe carton rouge, le Puritain viendra, et il te dira que tu es le Diable, et si tu ne dis pas oui, il te tuera. En tout cas, il essaiera.

Trouveras-tu la force de lui faire face, mon camarade ?

Trouveras-tu la force de regarder la mort en face, et de dire : « c'est beau » ?

Moi, je te préviens, je suis incapable de répondre à cette question.

Éditions Le Retour aux Sources

ÉDITIONS
LE RETOUR AUX SOURCES

TRIANGULATION
REPÈRES POUR DES TEMPS INCERTAINS

MICHEL DRAC

NOUS APPROCHONS MANIFESTEMENT D'UN MOMENT CRITIQUE DANS L'HISTOIRE DE NOTRE PAYS

ÉDITIONS
LE RETOUR AUX SOURCES

JEF CARNAC

VENDETTA

L'ARGENT, LE POUVOIR, LA CÉLÉBRITÉ...
RIEN NE VOUS PROTÈGERA

ÉDITIONS
LE RETOUR AUX SOURCES

VOIR MACRON
8 SCÉNARIOS POUR UN QUINQUENNAT

MACRON : UN ILLUSIONNISTE.
SON ÉLECTION : UN TROMPE-L'OEIL.
SA POLITIQUE : DU THÉÂTRE.

MICHEL DRAC

www.leretourauxsources.com

www.ingramcontent.com/pod-product-compliance
Lightning Source LLC
Chambersburg PA
CBHW072232270326
41930CB00010B/2102